新装改訂版

日本茶ソムリエ· 和多田喜の

今日からお茶をおいしく楽しむ本

二見書房

CONTENTS

改訂版によせて　6
はじめに　お茶を淹れる楽しみを伝えたい　8
おいしいお茶　10
コラム＊私が日本茶の世界に飛び込んだ理由　12

第1章
煎茶の茶葉で多彩な淹れ方を楽しみましょう　13
お茶をおいしく淹れるための基礎知識　16
一杯茶の淹れ方　22
かおり冷茶　24
氷冷茶　26
喫し茶　28
あじかおり茶　30
じっくり茶　32
マイボトル茶　34
おうちボトル茶　35
「お茶を淹れる」とは？　36
コラム＊お茶を淹れる？　煎れる？　それとも入れる？　38

第2章
お茶がもっと好きになる、茶葉のはなし　39
こうして茶葉はできあがります　40
茶葉はこうして仕上げられる　41
よい茶葉を見分けるコツは？　42
お茶を知る「拝見」　43
茶葉の味を決める3つの要素　44
煎茶　46
玉露　48
深蒸し茶　49
釜炒り茶　50
茎茶　51
ほうじ茶　52
玄米茶　53
番茶　54
国産紅茶　55
シングルオリジンのお茶の魅力　56
コラム＊おいしいお茶は「わからない」？　58

第3章
いろいろな茶葉でおいしく淹れてみましょう 59
玉露 60
深蒸し茶 62
釜炒り茶 64
茎茶 66
ほうじ茶 68
玄米茶 70
番茶 72
国産紅茶 74
ティーバッグのお茶 76
国産ハーブティー 77
上級編に挑戦！
1煎ごとにお湯の温度を変えて淹れてみましょう 78
コラム＊茶葉の「再仕上」でもっと自分好みに 80

第4章
知っておきたい、大切な水と道具のこと 81
おいしい水のはなし 82
おいしい水のつくり方とお湯の沸かし方 84
おいしく楽しむために大切な急須のこと 86
茶こころ急須 88
茶器・小物いろいろ 90
コラム＊茶漉しのはなし 92

第5章
もっと知りたいお茶の深～いはなし 93
お茶を楽しみつくす8つの方法 94
日本茶とお菓子のいい関係 98
お茶のマリアージュ 99
極上の茶葉に会いにいく 100
お茶にまつわる一問一答 102
コラム＊お茶は自由で楽しいもの 107
myお茶レシピメモ 108
おわりに 110

改訂版によせて

この本をはじめに出版してから10年が経ちました。

その間もご好評いただき、改訂版のお声をかけていただけるまでになりました。

本をきっかけに日本茶の世界に飛び込む方も現れて、たいへん嬉しく思います。なかには異国の地からいらっしゃった方もいて、お茶の世界の広さを改めて実感しました。

お茶を紹介する本はたくさんあるのですが、お茶の実践を教えてくれる本はあまりない。10年前にこの本をつくると決まったときに思ったことはそんなことでした。

それは今も変わらぬ印象です。

毎日淹《い》れる一つひとつのお茶はたくさんのことを語ってくれます。

この10年の間にもいかに自分がお茶のことを知らなかったのか、日々勉強をさせていただきました。

お茶の奥深さは果てしなく、終わりがありません。

いろいろなお茶の本があり、若い人たちが日本茶にかかわって生きていくなかで、改訂版をどのように書き直そうか考えました。

お茶の淹れ方をメインに据えることはできるだけ変えずに、この10年間で得た変化を少しだけ追加しようと思います。

お茶の素晴らしさやおいしさは当然ながら、〝お茶を淹れることの楽しさ〟をもっと知っていただきたい。

『表参道　茶茶の間』でお茶を淹れつづけた10年分の経験を加えて、よりわかりやすい本になればいいなと思っております。

お茶と触れあう喜び、淹れる楽しさ、味わう幸せ――。

お茶を淹れることはお茶を理解することです。私はしばしばセミナーなどでこうお伝えしています。

それはいいかえると、お茶には〝わかる楽しさ〟があるということです。

ひとつの茶葉と向き合って、実際に淹れていくなかで茶葉を見て、味わって、触れ合っていくことでそのお茶を知ることができます。

さまざまなお茶で経験を重ねることで、たくさんのお茶を見ることができます。そうやってお茶を知ったら、そこからお茶の淹れ方を考えることができるようになります。

お茶の見方がわかるとお茶を知る喜びが生まれて、それがまた淹れる楽しさにつながっていきます。

お茶と心をかよわせて淹れたお茶は、心を満たす満足のいく一杯となることでしょう。

本書ではそんなお茶を淹れる楽しさをわかりやすく解説していきます。この本を片手に、自分がおいしいと思うお茶を目指してお茶を淹れてみてください。

さあ、あなただけの楽しいお茶の時間の始まりです。

はじめに

お茶を淹れる楽しみを伝えたい

はじめまして、日本茶ソムリエの和多田喜です。

この本では、皆さんに「おいしいお茶の淹れ方」のお話をしていきたいと思います。


でもちょっと待ってください！

その「おいしいお茶」とは何でしょうか？

人の好みはそれぞれです。

「渋いほうが好き」

「甘くて濃厚な味が好き」

「さっぱりした味が好き」

など十人十色。

それどころか同じ人でも一日の中で、

「朝の目覚めに」

「食後の一杯に」

「午後のくつろぎのひとときに」

など、その場に応じて飲みたい味は変わるでしょう。

お茶そのものにも、さまざまな種類があります。

緑茶やほうじ茶、番茶というお茶のつくり方による大きなちがいがあります。また、緑茶の中では煎茶、釜炒り茶、深蒸し茶など製法によってさらに細かく分けられます。

お茶の木に注目すると品種によってさらにお茶は細かく分かれます。

もっとも多く生産されている「やぶきた」や、香りのよい品種の「蒼風《そうふう》」や「香駿《こうしゅん》」など。さらに産地によってお茶の味わいは異なってきます。

もっと細かく見ると生産者の畑の手入れから、その年の気候、お茶のつくり方によって同じお茶はふたつとありません。


普段から飲んでいるお茶はこれらのお茶がブレンドされたものがほとんどです。

「日常茶飯事」という言葉があるように、お茶と私たちの生活は昔から密接なつながりがありました。

各地で多種多様なお茶がつくられ、人々は自分たちの生活にあわせてお茶を楽しんできたのです。

さまざまなお茶があるように、お茶の楽しみ方もいく通りもあります。
熱湯で淹れたり、冷茶にしたり、少し特別な「喫《きっ》し茶《ちゃ》」で飲んでみたり。

お茶を淹れるという行為はこうした無限の可能性からたったひとつのお茶をこの世界に生み出す、芸術ともいえる創作活動です。

今日の気分や心模様を、言葉を使わずにお茶を通して、急須で表現できるのがお茶です。

難しいことはありません。

毎日の料理と変わらないことです。

自由にお茶を淹れることができたら、もっと楽しい世界が広がると思います。

お茶とともに過ごす毎日を、今日からいっしょに旅してみませんか？


自分だけの理想のお茶を思い描いて、さぁ、お茶の時間にしましょう。

はじめに　おいしいお茶

少し視点を変えてみます。

おいしいお茶ではなく、なぜ「おいしくないお茶」ができてしまうのでしょうか。

それには簡単な理由があります。

1　お水がおいしくない

2　急須の状態が悪い

3　茶葉に問題がある

4　思い描くお茶の味に淹れられない

この4つが主な原因です。

1〜3については、淹れ方以前の問題です。ですが、これらを解決しないことにはおいしいお茶は〝絶対に〟淹れられません。後ほど詳しく説明しますが、ここでは簡単にその理由をお話ししましょう。

淹れたお茶のほとんどは水でできています。茶葉からの浸出成分は0・3%といわれており、水に含まれたほんの少しの臭気でお茶の風味はなくなります。

ですから、おいしい水でないとおいしいお茶にはなりません。カルキ臭などのにおいのする水ではだめなのです。

同じ理由で、水を損なうような急須ではお茶はおいしくなりません。具体的にいうと管理が悪く茶漉しが錆びている、茶殻などが付着して嫌なにおいがする、洗剤や漂白剤などのにおいがついてしまっている……。

どれも不合格です。

そして、大切なことですが茶葉自体に問題がある場合も、やはりおいしく淹れることは難しくなります。

傷んだ野菜や材料では、おいしいスープをつくることはできませんよね？　ですから、材料である茶葉の状態が悪いとおいしいお茶は淹れられないのです。

この1〜3のうち、どれかひとつでも当てはまる項目があれば、どんなに「淹れ方」を頑張ってもお茶はおいしくはなりません。1〜3の問題がクリアできた時点ではじめて、4の淹れ方の話ができるのです。

それでは4の好みの味に淹れられないのはなぜでしょうか？

それはお茶を淹れるときに目的にあわせて、味見をしながら調整することをしないからです。

おいしいお茶の条件は常に変化します。

どんなにおいしい冷茶を淹れても、寒空の下で味わってはおいしいとは思えません。

飲みにくいほどに渋みが強く出てしまったお茶も、甘い大福や羊羹とあわせるとおいしく楽しめます。

また、それぞれのお茶には、それぞれの味わいがあります。

例えば渋みが強い茶葉で甘いお茶をつくる場合、ある程度は淹れ方でカバーできますが、出すことができる味は限られてきます。

茶葉によってお茶の味は決まります。

そんなお茶を自分の好みや求める味わいに近づける。

それが淹れ方の工夫になります。

淹れ方は毎回その目的にあわせて調整する必要があるのです。

これでおいしくないお茶の理由はわかりました。そうすると、おいしいお茶の条件は以下のようにまとめることができます。

1 よいお水を使う

2 状態のよい急須を使う

3 良質な茶葉を用意する

4 味見をしながら目的にあわせたお茶を淹れる

つまり、お茶の持ち味を殺さずに、いま現在の淹れたいお茶にあわせるのがおいしいお茶の淹れ方になります。

コラム

私が日本茶の世界に飛び込んだ理由

「どうして日本茶の世界に入られたのですか？」

お茶の仕事をしているとよく聞かれます。せっかくの機会ですのでこの場をお借りしてお話ししたいと思います。

もともと物心つく頃から、私はお茶の時間が好きでした。それは、いつもお茶を淹れてくれる身近な人がいたからです。その方は縁あって、私や兄の面倒をよくみてくれました。実の祖母のように今でも慕う女性です。

その方の淹れてくれる、三時のおやつのお茶は、当時の幼い自分の一日のなかでもっとも楽しみな時間でした。

『よっちゃん、そろそろお茶にしようか？』

『今日はカステラと葡萄があるよ』

ひと口飲めば、心地よい新緑の爽やかな若葉の香りが口の中に広がり、ほのかな刺激の渋みが軽やかにケーキや果物の口残りの甘みを洗い流していく。

いま思えば、お茶とのマリアージュ（飲み物と料理の組みあわせ）も既にその頃から楽しんでいました。リンゴや野沢菜漬けとともに飲むお茶は、特に印象として残っています。お茶といっしょに食べると、果物もお菓子も漬物でさえも味が変わっておいしくなることを何気なく当たり前のように楽しんでいました。

そんな当たり前の日常が“特別な、素晴らしいもの”だと気がついたのは大人になってからです。

もう20年近く前の話で、今でいうシングルオリジンの日本茶を初めて飲んだのもそのときでした。

それは、今はもう無くなってしまった東京の日本茶カフェなのですが、そこで飲んだお茶は今でもよく覚えています。当時の感覚を表現するなら、飲んだ瞬間、若葉が覆い茂る春の茶畑の中に自分が連れて行かれるようなイメージです。

ただ、当時の自分は経験も少なく、初めての体験で「なんだこれは!!」という違和感とあまりの香りの良さに、これが本当のお茶なのかという驚きだけがありました。上質なシングルオリジンのお茶には強くそれが現れます。その鮮烈さのある香りに驚きしかありませんでした。「自分は日本茶のことをなにも知らなかったのか」。そのとき頭によぎった言葉は今でも自分の中にあります。

このふたつの経験が日本茶の世界に入る大きなきっかけとなりました。

最後にもうひとつ、お店をつづける原動力にもなった話をしたいと思います。

それは、あとでも触れますが「秋津島」というお茶をつくっている生産者の方に淹れていただいたお茶です。いつものように新茶時期に挨拶に伺ったとき、「和多田さんはお茶を淹れるのが上手だそうだが、オラのほうがもっと上手だ」とおっしゃって、おもむろに一杯のお茶を淹れてくださったのです。

飲んだ瞬間、今日立ち会った畑の姿だけでなく、何年もかけてつくり上げた茶畑の手入れの日々、時間をも感じさせる、優しくて甘く、そして威厳を感じながら自然と体に溶け込む一杯でした。

「一杯のお茶でここまで何かを伝えることができるのか」

この感動を、また誰かに伝えたい。そのような思いが新たに生まれました。

お茶は淹れる人によってその人の世界観を垣間見ることもできる飲み物です。淹れる人の数だけお茶の世界があります。またそれを受け取る人によっても飲む人の数だけ世界があります。お茶を淹れて飲むというだけのことなのに、こんなにも奥深いのです。

一杯のお茶を淹れて飲む。きっとそこには、昨日まで気がつかなかった発見があります。

そんなことを思いながら、今日も急須を握っています。

第１章

煎茶の茶葉で多彩な淹れ方を楽しみましょう

その日の気分によっていろいろな味のお茶を自由に淹れるのは楽しいものです。この章では煎茶を使った、８種類のおいしさをみなさんに紹介していきます。淹れ方に関する基礎知識もあわせて参考にしながら、さっそく淹れてみてください。

新茶の季節の茶畑は一年をかけた手入れにより、淡い薄緑をした新芽がキラキラと輝き、とても美しい姿をしています。

茶摘みをしている様子を見ていると、風に乗ってお茶の香りが広がります。

私は茶摘みの季節に畑に行くと、お茶の新芽を手で摘み取ってそのまま食べさせてもらいます。

その味わいは程よい苦み、渋みを持ちながら爽やかな香りと優しい甘みを備えた、春に山の中を吹き抜ける風のような、そんな風味を持っています。

急須を使ってお茶を淹れていくときに、そんな畑の香りをふと思い出すことがあります。

その瞬間に急須の中でお茶と畑がつながっているようで、とてもうれしくなります。

みなさんもぜひ、お茶の木の生い立ちや、そこにたっぷりと注がれた生産者の情熱に思いをはせながら、楽しくお茶を淹れてみてください。

淹れる前に知っておくととっても便利！

お茶をおいしく淹れるための基礎知識

お茶の淹れ方は、オレンジやレモンの搾り方に似ています。
皮ごと全部搾ったものと、丁寧に皮を剥いて優しく搾ったものとでは味がちがいますよね？
お茶もこれと同じで、甘みだけを出したいとか、渋みを味わいたいとか、
具体的にイメージをすることが大切です。
ここではお茶を浸出する際の茶葉とお湯の関係を見ていくと同時に
淹れ方の基本テクニックも確認しておきましょう。

茶葉の量は…

多いほど、味や香りが強く出ます。

ここがコツ！

1. 茶葉の量が多ければ浸出時間を減らし、少なければ時間を長くとります。
2. お湯の温度が高いほど茶葉の量を減らし、低いほど増やします。

	茶葉が少ない	普通	茶葉が多い
100℃で3分	ちょうどよい	濃い	濃すぎる味
70℃で3分	薄い	ちょうどよい	濃い
50℃で3分	さらに薄い	薄い	ちょうどよい

（※1人分2gを基準にした場合）

茶葉の上手なすくいかた

茶葉がなかなか思うようにすくえない……そう感じたことはありませんか？　うまくいくキーワードは「横持ちでくるっと回転！」です。この方法を用いると均一に茶葉がとりやすくなるうえ、それぞれ味の異なる大きな茶葉と細かな芽がバランスよく混ざった状態になります。

1

茶さじの背を上にして持ち、もう一方の手で茶葉がこぼれない程度に茶筒を横に向ける。

2

そのまままっすぐ、茶筒の奥に突き刺すように茶さじを入れる。

3

2 の状態のまま、両手を同時に向こう側へ180°回転させる。

4

茶さじを静かに茶筒から引き抜くと……たっぷりとすくえた茶葉が出てきます！

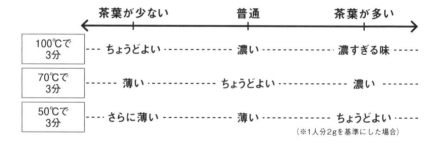

茶葉の量の目安を知っておきましょう

茶葉によって実際の見た目とグラム数が異なるので、慣れないうちは特に注意しましょう。

茶さじが使いづらいと感じたら、ティースプーンで代用してもOK。また茶葉の量をきっちりとはかりたいときには、0.1g単位で計測できる電子計りがおすすめです。

同じ3gでもこんなにボリュームがちがいます

お湯の温度は…

高温であるほど渋みと香りが出やすく、低温であるほど甘みが引き出されます。

ここがコツ！ 茶葉は表面に甘み、中に渋みと香りがあるので、低い温度で淹れれば茶葉が開きにくく、表面の甘みだけが引き出されます。

低 ←―― 60℃以下 ―― 100℃ ――→ 高

	低	高
味	甘くて薄い	濃い
香り	優しい	強い
渋み	あまりない	強い

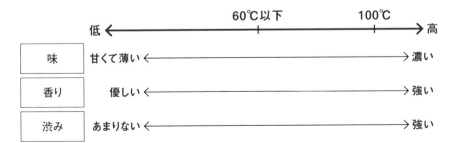

湯冷ましの方法

お湯は、別の器に移し変えるごとに5～10℃ほど温度が下がります。これを心得ておけば、湯冷ましも自在にコントロールできるようになってきます。

お湯を入れた器が、外側から熱くて触れない場合は90℃以上、しっかり持てるなら80℃以下というのもひとつの目安になります。

急須の持ち方

急須の中の茶葉をゆすってしまうとよけいな渋みが出てしまいますから、しっかりと急須を安定させて持つことが大切です。

片手で持つとき

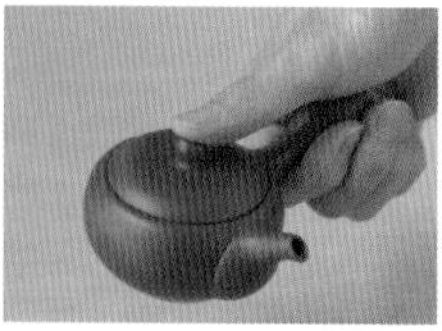

4本指でしっかりと握り、親指で蓋を固定。

注ぐときは腕全体を回すのではなく、手首から先を90°倒すように動かす。

もう片方の手を添えて持つとき

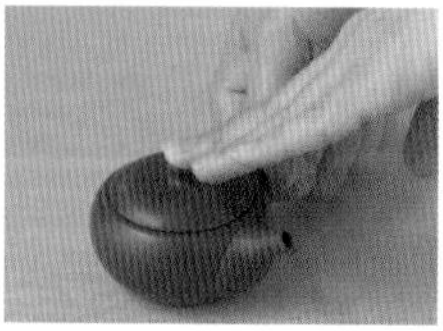

蓋を押さえるほうの手は軽く添える程度に。

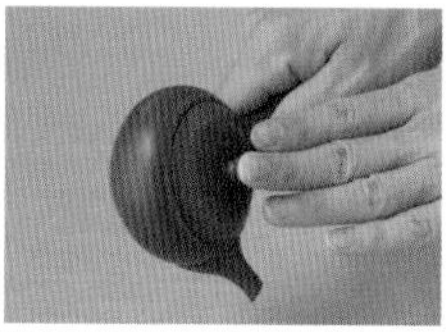

片手で持つときと同様に手首から先を動かし、添えるほうの手もその動きに従う。

こんなバリエーションも

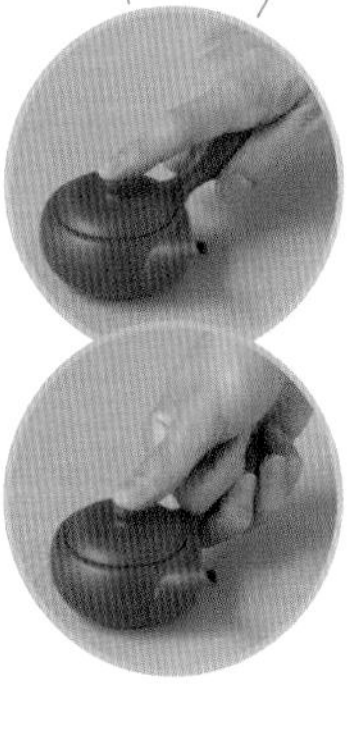

浸出時間は…

時間を長くとるほど、味、香り、渋みが強く出ます。

ここがコツ！ お湯が高温の場合は浸出時間を短く、低温の場合は時間を長くとるとバランスがよくなります。

お湯の温度	短（20秒）	長（3分）
100℃	ほどよい甘みと渋み	渋くて濃い
70℃	あっさりしたよい味と香り	甘くて香りがよく渋みもある
50℃	ほのかに香る	甘みが強く香りと渋みは弱い

（※同量の茶葉とお湯を使用した場合）

こんなところでも味に差が出ます

急須を勢いよく傾ける

淹れたあとの茶葉が急須の注ぎ口のほうへ寄った状態。

お湯を勢いよく注ぐ

味、香り、渋みともに強くなる

急須を静かに傾ける

淹れたあとの茶葉が急須の底全体に平らに広がった状態。

お湯を静かに注ぐ

柔らかい味になる

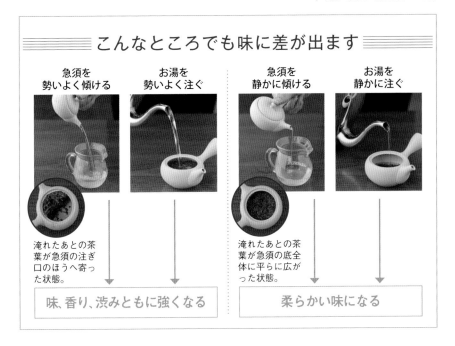

ガラスポットを使えばこんなに便利！

急須にお茶が入ったら、直接茶杯に注がず、いったんガラスポットや茶海に出してみましょう。色味でお茶の出具合がよくわかりますし、この段階で味見をして濃さの調整をすることもできます。ひとつ持っているととても役立ちます。

薄い場合は…

お茶を急須に移し、再びガラスポットや茶海、または直接茶杯に淹れる。

濃く出すぎたときは…

お茶の濃さを薄めたければ好みの温度のお湯を足す。

最後の一滴まで淹れる？ 淹れない？

最後の一滴にはお茶の味が凝縮されています。これを淹れれば味は濃くなりますし、淹れなければさっぱりとした風味になります。好みで淹れ分けてみましょう。

淹れたあとは蓋を開けよう

お茶を淹れ終わったら、茶葉の必要以上の蒸れを防ぐために、急須の蓋は必ず開けておきましょう。急須専用の蓋置きを利用するのもおすすめです。

急須のお手入れ

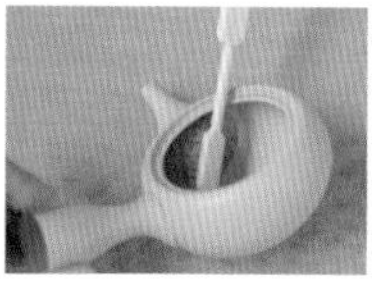

茶渋などで汚れた急須はハブラシでこするときれいになります。また洗剤で洗うとそのニオイがついてしまうため、普段は水かお湯での洗浄を心がけるようにしましょう。

いかがでしょうか?
淹れるお茶の味がどうやって決まるのか、
おわかりいただけましたか?
目指すお茶にあわせて一つひとつの要素を
自由に組みあわせて淹れていけばよいというわけです。
「こんな淹れ方をしなければ日本茶ではない」
というルールはありません。

さて、あなたはどんなお茶を淹れますか?

下の表の項目に記入して、
自分が淹れてみたいお茶を組み立ててみましょう。
(108ページの「my お茶レシピメモ」もぜひ活用してください)

使用した茶葉の種類/銘柄			
値段	円/		g
茶葉の量	g	お湯の量	cc
お湯の温度	℃	浸出時間	

[淹れた感想・注意点]

さあ、それでは次のページからおいしい淹れ方を見ていきましょう。

まずは熱湯でお茶の味を出しきる

一杯茶の淹れ方

まずはもっとも基本の淹れ方です。

用意するのは茶葉と急須と熱湯だけ。煎茶は湯冷ましをしてから淹れるもの、と思っている方からみれば、熱湯を使う淹れ方は少し意外かもしれません。

熱湯を使うのは、その茶葉が持つ甘み、旨み、苦み、香味など、すべてを引き出すことを目的としています。

この方法で誰でも簡単にお茶を淹れて楽しむことができます。

あとは好みにあわせてお茶の濃度を調整してください。きっと好みの味が見つかるはずです。

この淹れ方を基本にいろいろな淹れ方を試してみましょう。

ひと目でわかる

一杯茶の淹れ方（1人分）

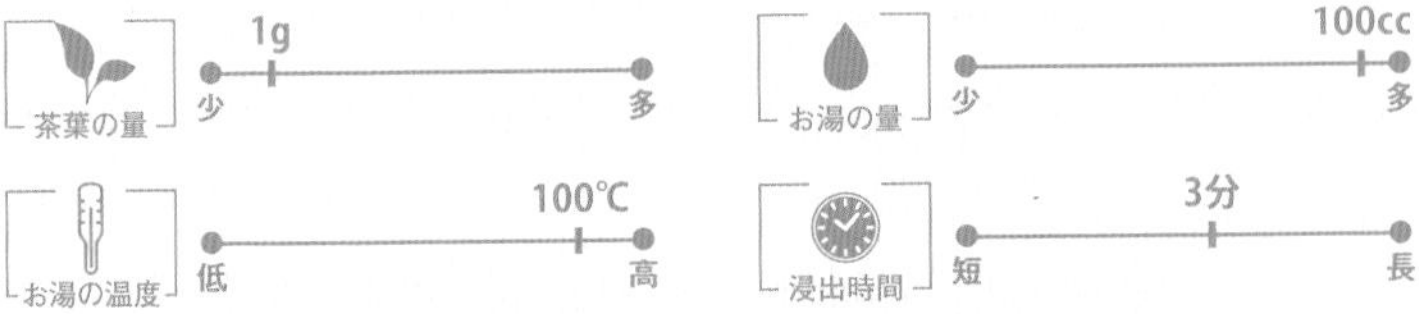

≡ 1 ≡

急須の中に茶葉 1g を入れる。

≡ 2 ≡

熱湯を注ぐ。

≡ 3 ≡

３分待つ間は蓋をせず、急須の中で茶葉がどう開いていくかを確認する。良質な茶葉ほどゆっくり開く。

≡ 4 ≡

３分たったら蓋をして、茶杯または味見用のガラスポットなどに注ぐ。

＼ワンポイントアドバイス／

熱湯を使うことでお茶の味わいをすべて引き出すことができます。茶葉の量で濃さを調整して下さい。羊羹などの甘めのスイーツにあわせる場合は茶葉を増やして濃いめにするとより楽しむことができます。またお茶によっては、３分では浸出しすぎる場合もあります。細かな茶葉では１分半ほどにするなど、茶葉の形状にあわせて時間も調整してください。香りが立ち、茶葉がしっかりと開いたら淹れ頃です。

熱湯と氷を使って淹れる
香り高い味わい

かおり冷茶

一杯茶の淹れ方を一歩進化させてみましょう。香りよい冷茶を楽しむレシピです。

熱湯でお茶の香りを引き出したあとに氷で一気に冷やし、その香りを冷茶の中に閉じこめます。

この冷茶を口に含むと、お茶の中から香りが広がってくるような味わいを楽しむことができます。

完成したあと、急須の中のお茶を一回で器に淹れるのもよいですが、何回かに分けて飲むのもおすすめ。よい香りの上澄みと底にたまった旨みなどの味わいとを分けて楽しむことができます。

お湯で茶葉をどれだけ開くかでお茶の味わいが変わります。濃いときは冷水を足して味を調整しましょう。

ひと目でわかる

かおり冷茶の淹れ方（1人分）

茶葉の量：4g（少〜多）

お湯の量：30cc（少〜多）

お湯の温度：100℃（低〜高）

浸出時間：5分（短〜長）

※この他に氷を50g程度用意しましょう

1

急須の中に茶葉4gを入れる。多めに入れてもよい。

2

30cc程度の少量の熱湯を茶葉に注ぐ。

3

すぐに氷を適量入れ、5分かけてゆっくりと出したらグラスなどに注ぐ。

4

2煎目以降も、水またはお湯と氷を急須に足しながら時間をかけて味わう。

＼ワンポイントアドバイス／

水と同様に、氷の質もお茶の味を大きく左右します。できる限り良質な氷を使いましょう。

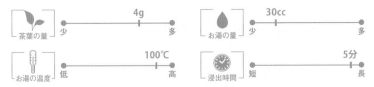

氷を使ってじっくりと甘みを引き出す

氷冷茶

次は熱湯を使わずに氷だけで淹れてみましょう。低温度帯でお茶の旨みや甘みだけを浸出させて楽しむことを目的としたレシピです。

茶葉は、表面の部分に甘みと旨みが凝縮されています。そこだけを味わうなら、なるべく茶葉を開かせないことが重要。そのためには、水の温度をできるだけ下げること。お茶は湯温が0℃に近いほど、渋みが出にくくなります。

氷が溶けるのに時間はかかりますが誰でも簡単に淹れることができます。室温が低いときは、少量の冷水を足すことで早く飲むことも可能。ポイントは低温で浸出させつづけること。氷を切らさず低温度を保てば、甘みだけが引き出された極上のお茶の完成です。

ひと目でわかる

氷冷茶の淹れ方（1人分）

茶葉の量　少 ―― 4g ―― 多

浸出時間　短 ―― 20分以上 ―― 長

※氷を60g以上用意しましょう

≡ 1 ≡

茶葉4gを入れる。

≡ 2 ≡

茶葉の上に氷を入れる。

≡ 3 ≡

常温で少しずつ溶け出てくる氷の水でお茶を浸出させる。

≡ 4 ≡

2煎目以降も同様に氷が溶けて出るのを待つ。すぐ飲みたい場合は熱湯約20ccと氷30gほど足して3分ほど待てばすぐに2杯目が飲める。同様にして5、6煎楽しめる。

＼ワンポイントアドバイス／

氷冷茶は急須を使わず酒器などを使ってもOK。ガラスの茶器を使うと茶葉の鮮やかさと透き通った氷がいっそう際立ち、涼やかな気分が楽しめます。

氷冷茶はカクテルグラスや小ぶりの酒杯に淹れて味わうのも楽しいですよ。

茶葉の美しさを愛でながら淹れる楽しみ

喫し茶

先ほどの氷を使った淹れ方を少しアレンジし、初めから冷水を使って淹れてみましょう。お茶の旨みや香りを、渋みを出さずに最大限引き出していきます。

ポイントは茶葉の開かせ方と香りです。目視をしながら茶葉をしっかり開かせ、よい香りを茶葉から感じるまでじっくりと待ちましょう。

レシピでは3分としていますが、茶葉によっては時間は異なりますので、丁寧に観察してみてください。じっくりと茶葉と向きあうことで、新たなお茶の世界に触れることができるかもしれません。

茶葉の旨みが凝縮された宝石のような雫を、ゆっくりと味わってください。

茶器「葉の雫」（写真右上）

茶葉が開いていく美しさを愛でながらお茶を淹れて楽めるオリジナル茶器です。一般的な急須で淹れる場合は、蓋を開けたまま淹れることで同じようにつくることができます。平たい急須「茶こころ急須」（88ページ参照）を使うのもおすすめです。

ひと目でわかる

喫し茶の淹れ方（1人分）

茶葉の量　少 ―― 6g ―― 多

お湯の量　少 ―― 30cc ―― 多

お湯の温度　低 ―― 冷水 ―― 高

浸出時間　短 ―― 3分 ―― 長

1

器に茶葉を入れ指で平らに広げたら茶葉の美しさを楽しむ。

2

茶葉全体が浸るように水を上から静かに注ぐ。

3

茶葉が水を吸ったら…

茶葉が水を吸いふっくらと膨らんで、よい香りが広がりはじめたら（約3分）小さめのよく温めた器に淹れて完成。

4

最後の一滴は濃いめになるので、渋みを抑えたければあまり淹れすぎないように注意する。

＼ワンポイントアドバイス／

2煎目以降は…

1煎目と同様の淹れ方を楽しむか、もしくは茶葉を急須に移し、熱湯で淹れるのもおすすめ。ちがった味わいが楽しめます。

＼ワンポイントアドバイス／

氷をのせても

茶葉の上に氷をのせ、溶け出す水でじっくりと旨み成分を引き出すのもまた美味です。

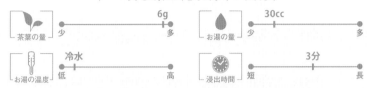

熱湯を使って
甘みと香りを引き出す

あじかおり茶

　では、また熱湯を使ったお茶の淹れ方に戻りましょう。茶葉の開き具合をコントロールすることで、熱湯を使っても渋みをあまり出さないことを目的とした淹れ方です。

　お茶の浸出は茶葉が開くことで進みます。熱湯を使ってもお湯と茶葉の量、浸出時間を調整すればよけいな渋みは出ません。茶葉を開ききるのではなく、表面の味わいを引き出しましょう。手早くお茶を淹れることができるので、急いで甘いお茶を飲みたい時にも便利。左ページのレシピを参考に、試してみてください。

　ポイントは茶葉の開き具合を目視で確認しながら淹れること。茶葉は秒単位で変化するのでタイミングを逃さないようにしましょう。

ひと目でわかる

あじかおり茶の淹れ方（1人分）

- 茶葉の量：3g（少―多）
- お湯の量：30cc（少―多）
- お湯の温度：90℃（低―高）
- 浸出時間：約15秒（短―長）

≡ 1 ≡

茶杯または湯冷ましに熱湯を入れておく。

≡ 2 ≡

茶葉3gを急須に入れる。

≡ 3 ≡

1のお湯を急須に注ぎ、約15秒ほど茶葉が開いて香りが立つのを待つ。

≡ 4 ≡

最後の一滴は渋くなりやすいので、好みにあわせて調整する。

＼ワンポイントアドバイス／

表面の甘みと旨みの層だけを数秒で引き出すために味が薄くなってしまうのを、茶葉とお湯の量で調整しています。ただ、熱湯を使うので少しでも浸出が長いと渋くなってしまう場合があります。そんなときは、お湯をお茶に足して調節しましょう。

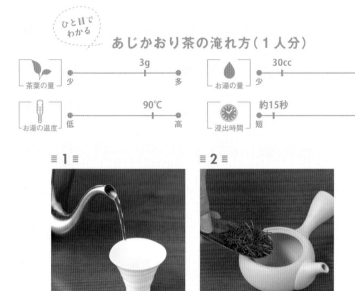

甘み＋ほどよい渋みの
やさしいバランス

じっくり茶

次はお湯の温度を下げて淹れてみましょう。「あじかおり茶」よりもしっかりとした旨みが味わえます。表面の甘味をしっかり引き出しながら、ほどよい渋みと香りを楽しみたいときにおすすめです。60℃のお湯で3分間、じっくり、じっくりと浸出させてください。低めの湯温で淹れたお茶ならではの、ふんわりとしたやさしい香りが楽しめます。濃さや渋みが気になるときには、熱湯を加えると甘いお茶に変身。

お菓子とあわせるというより、お茶だけをゆっくり味わいたいときに適した淹れ方です。日本庭園を眺めながら、畳の上でお茶を飲んでいるかのようなくつろぎ感を与えてくれる一杯をどうぞ。

ひと目でわかる
じっくり茶の淹れ方（1人分）

- 茶葉の量：4g（少〜多）
- お湯の量：40cc（少〜多）
- お湯の温度：60℃（低〜高）
- 浸出時間：3分（短〜長）

1

茶杯をお湯で温めておく。こうすることで淹れたときにお茶の香りがより強くなる。

2

急須に茶葉4gを入れる。

3

60℃に冷ましたお湯をそっと注ぐ。このときよけいに茶葉を揺らさないよう注意する。

4

3分間じっくり待って、茶杯に淹れればできあがり。2煎目からは熱めのお湯をさっと入れて出す。

＼ワンポイントアドバイス／

60℃のお湯は、温めた器に熱湯60ccにお水を40cc加えて混ぜると簡単につくることができます。

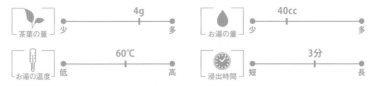

携帯ボトルでつくる、外へ持ち運べるお茶のつくり方

マイボトル茶

お出かけのときにも、自分で淹れたおいしいお茶を持ち歩いてみませんか?

ひと目でわかる

冷たいマイボトル茶の淹れ方(500cc)

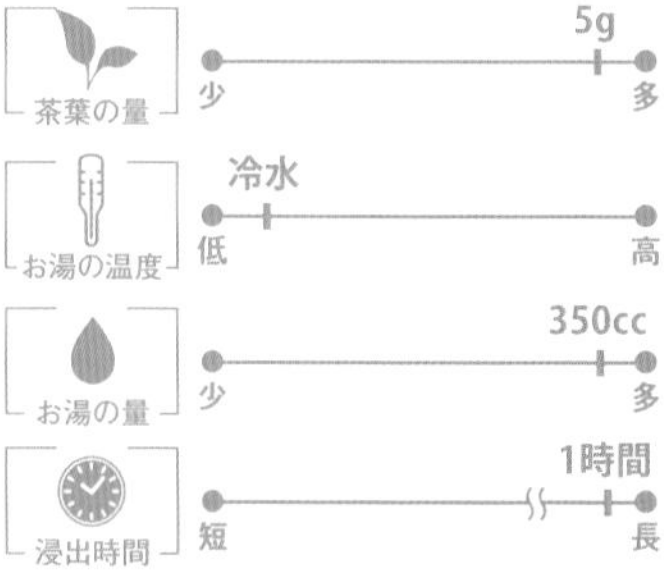

※水100ccあたり茶葉1gを目安にしてください。
※氷150gを用意しましょう。

※密閉できるマイボトルを用意しましょう。

ボトルの材質やサイズはお好みで。使用後はきれいに洗い、常に清潔な状態を保つように心がけます。

≡ 1 ≡

空のボトルに茶葉を入れる。

≡ 2 ≡

水を入れる。常温であれば1時間程度で味が出る。

≡ 3 ≡

持ち運ぶ直前に氷を150g程度入れてできあがり。こぼれないよう、しっかりと蓋を閉めて携帯する。

\ワンポイントアドバイス/

飲むときは、そっとかたむけて上澄みを飲みます。茶葉が口に入ったらそのまま食べてもOK。
お茶がなくなったら水と氷を足して振ればまたすぐに飲めます。

冷蔵庫に入れて6時間、
家で楽しむ冷茶のつくり方

おうちボトル茶はこうしてつくります

つくり方はとっても簡単。
これさえ常備しておけば、
ひんやりおいしい一杯が
すぐにいただけます。

≡ 1 ≡

常温の水をボトルに入れる。ボトルは振ってもこぼれないよう密閉性の高いものを用意。

≡ 2 ≡

水100ccにつき1gの煎茶の茶葉を入れる。ペットボトルを利用するときは、筒状に丸めた紙などを口にさし込めばそこから茶葉をこぼさず入れられる。

≡ 3 ≡

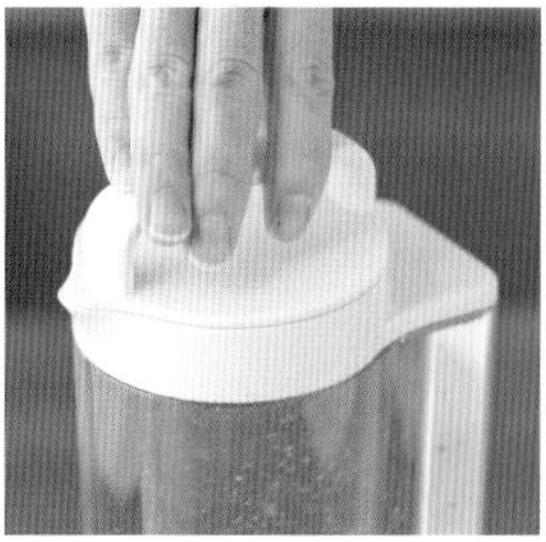

きっちりと蓋をし、冷蔵庫で一晩（最低6時間）置いてできあがり。

ワンポイントアドバイス

つくったお茶は必ず冷蔵庫に入れ、完成後、その日のうちに飲みきりましょう。濃いめにしたい場合は茶葉を増やしましょう。また、茶葉が完全に開いてしまうまでは水を複数回継ぎ足してもおいしく飲めます。

コップに注ぐときには…

ボトルを振って撹拌し、30分ほど置けば茶葉が再度底に沈むので上澄み部分のみを注ぐ。茶漉しを通して注げば茶葉がコップに入る心配がない。

一晩待ちきれない！

早く出したいときはボトルごとよく振る。ただし渋みが出るので注意。

「お茶を淹れる」とは？

お茶の楽しみ方は無限にあります。

紹介したレシピをもとに、あなた好みの“淹れ方”を探してみましょう。


この章では8種類の淹れ方をご紹介しましたが、あらためて、お茶を淹れることを考えてみましょう。

まず、「こんなお茶が飲みたいな」「こんなお茶を淹れたいな」とイメージします。

次に茶葉を選び、淹れ方（レシピ）を考えます。

最後にレシピに従ってお茶を淹れます。

このように、お茶を淹れる工程は3つに分けることができます。

淹れたいお茶の「イメージ」と、それをどうやって淹れるか考える「レシピ」と、実際にお茶を淹れる「動き」です。

つまり、レシピとは先ほど紹介したお茶の基本の法則を利用して、頭の中にあるイメージを実際のお茶に落としていくための理論です。少し難しく聞こえるかもしれませんが、料理に例えると簡単です。

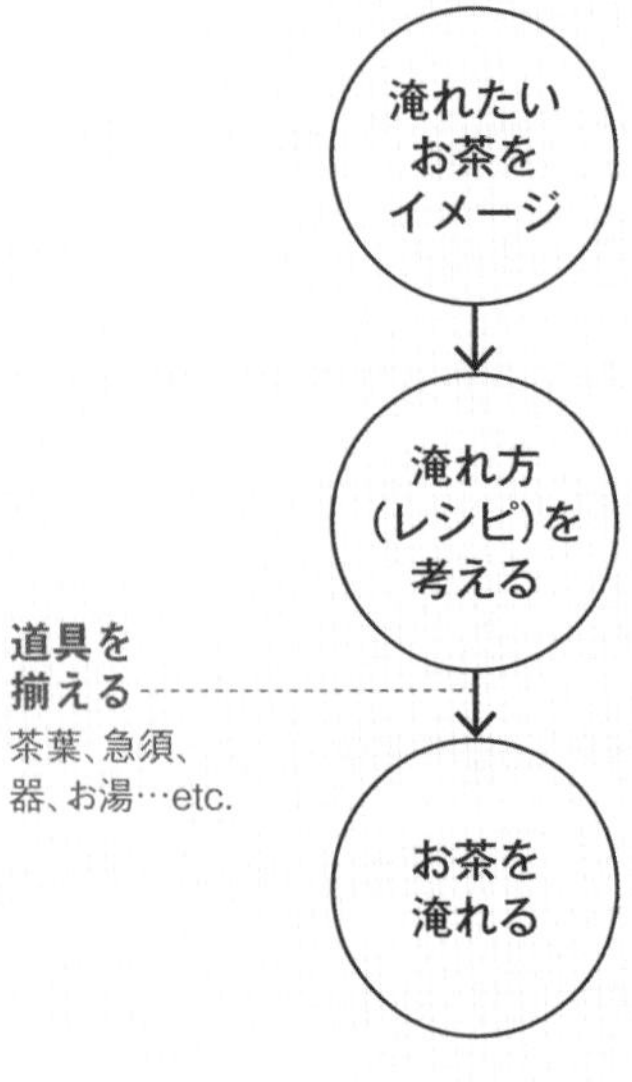

つくりたい料理があって、それの調理法、つまりレシピがあって、実際に料理をする。

そのつくりたい料理も冷蔵庫の在庫を使うときや、そのために用意することもあります。

お茶も同じです。

では、この本で紹介しているレシピとはなんでしょうか？

それはひとつの目安であり、目的地、つまりお茶の味わいにたどり着くための地図のようなものです。家庭での料理も何度もつくっていくうちに家族の好みの味わいに変化していきますよね？

あなたにとってそのお茶をよりおいしく淹れる方法は、この本に載っているレシピ以外に確実にあります。それを見つけるお手伝いをするというのがこの本の目的です。

では先ほどの法則をどのように組み上げればお茶のレシピになるのかを簡単に紹介します。

基本的には何かひとつが決まるたびに選択肢が減って方法を絞り込んでいく、という感覚です。

何も決まっていない段階では、どんな茶葉や急須も選ぶことができます。ですが、実際には用意できる急須や茶葉からはじめることになるでしょう。

また、例えばお湯を用意できない環境では水や氷を使ってお茶を淹れていくことになります。これも

レシピが固定されていく過程になります。

一つひとつの道具や環境が決まるたびに、淹れるお茶は決まっていくのです。

先述した8つのレシピは自由に組みあわせてもらってかまいません。

熱湯を入れた急須に氷を入れて温度を下げたり、逆にお水で少し時間をおいた茶葉に熱湯を注いでも。

それらのことで得られる効果がわかっていれば、お茶のレシピは自由です。

自分の好みの味になるレシピをつくってみてください。以下にお茶のレシピを考える際に意識することを、いくつか書いてみます。

茶葉を量る

袋から出したお茶の葉は毎回同じではありません。同じ量でも袋の上のほうでは大きめの茶葉が、下のほうでは細かい茶葉が多くなります。

形状が異なると体積が変わってくるので、毎回きちんと計量をすることで茶葉の量による影響を少なくすることができます。

急須を扱う

急須の扱い方はすべて茶葉の開き具合に関係していきます。レシピで意図したお茶を淹れるためには、どう扱えばどのようなお茶になるかを知らなければなりません。

茶葉が開いていくとどう味が変化していって、自分はどういったお茶を淹れたいのか。そしてイメージした通りに茶葉を扱うにはどういう風に急須を扱えばいいのか。そこまでわかれば自由にお茶を淹れることができます。

茶葉に注目して淹れてみれば自分の求めるお茶と出会うことができるでしょう。まずは茶葉を見ながらお茶を淹れてみましょう。

お茶の正解

お茶で面白いのは正解のなさです。

お店でできた新しいスイーツにお茶をあわせる際に、スタッフ間でお茶を考えてプレゼンテーションをするのですが、それぞれで全く別のアプローチをすることがあります。スイーツのどこを引き出すのか、という着目点から、どのお茶をどう淹れるのか、というレシピは思いついた数だけできます。

ときには同じ茶葉を選んでも、淹れ方によって感じる味わいは変化するのです。特別目立つ組みあわせもあれば、想定外の味わいが出る失敗まであります。

何度も試して、好みの味を見つけてみてください。驚きの発見があるかもしれません。

コラム

このちがい、わかりますか？
お茶を淹れる？煎れる？それとも入れる？

この本には、普段の生活では使わない、お茶の世界ならではの用語が出てきます。お茶の言葉にまつわることを少しまとめてみました。

お茶を淹れる

常用漢字や新聞紙面では、お茶を「いれる」または「入れる」と表記されますが、「淹れる」という漢字を使うこともあります。

どれも間違いではありませんが、「淹」の字には「水にひたす」という意味があり、お茶をつくる工程をとらえた言葉です。

この本では、急須から器に注ぐ行為と、お茶を淹れる際に考えること全体を指して「淹れる」という言葉を使っています。

それ以外は、急須に茶葉を入れる、急須に水を注ぐ等々、できるだけ混同しないよう表現を統一してあります。

「煎」の意味

ひとつの急須を使ってお茶を何回かに分けて淹れていくときに、1回目に淹れたお茶を1煎目（いっせんめ）、2度目のお茶を2煎目と数えます。

茶葉が開いていくことで味わいは変化していき、お茶の香りや味がなくなったらその茶葉はおしまいになります。

淹れ方にもよりますが、上質なお茶では3回～4回ほどお茶を淹れることができます。

そういったときは、4煎目までお茶を楽しむことができる、などと表現します。何煎もお茶を淹れていくことを、煎を重ねると表現します。

また、煎がきく、という表現もあり、これは煎を重ねて何回か楽しむことができるお茶を指しています。

もともと「煎」という文字は「煮だす」という意味の言葉で、お茶だけではなく薬にも使われます。

お茶を煎じる、というと煮だして浸出したお茶、「烹茶《ほうちゃ》法」のお茶を指しています。

ちなみにお茶の淹れ方は大きく分けて2種類あり、ヤカンなどで煮だす「烹茶法」と、急須などでお湯を浸して注ぐ「淹茶《えんちゃ》法」とに区別できます。

煎茶は本来、煎じて飲むお茶、という意味で煮だして飲むお茶のことを指していました。

急須を使ってお茶が楽しまれるようになった歴史は意外と浅く、江戸時代後期の18世紀に入ってからです。それまでお茶というと、煮だして飲む番茶と、粉末になっている抹茶しかありませんでした。

また、急須の普及とともに青製煎茶、現在のお茶の元になるつくり方ができてきてから、茶葉も変化していきます。

煎茶という言葉自体は古くから使われていますが、その指す内容は時代とともに変化しています。

普段何気なく使用している言葉も、調べてみるとその背景にある歴史を知ることができ、とても興味深いものですね。

第２章

お茶がもっと好きになる、茶葉のはなし

生産者のもとで大切に育てられ、加工されて私たちのもとにやってくる茶葉。もとは同じお茶の葉が製茶方法によってさまざまな種類の茶葉になります。それぞれの種類によって異なる茶葉の形状や風味のちがいを知れば、お茶への親しみもますますわいてくるのではないでしょうか。この章では茶葉の製造工程や、よい茶葉の見分け方などもわかりやすく解説していきます。

自然と人がつくりだす芸術品

こうして茶葉はできあがります

茶葉はたくさんの工程を経て、私たちのもとに届きます。
生産者がお茶づくりにかける思いを私たちも大切にしたいものです。

荒茶製造工程

栽培 → 摘み取り → 蒸熱《じょうねつ》 → 粗揉《そじゅう》 → 揉捻《じゅうねん》 → 中揉《ちゅうじゅう》 → 精揉《せいじゅう》 → 乾燥

栽培
お茶の木は植えてから摘み取りができるようになるまで5年近くかかります。1年をかけて育成した茶葉は4月から5月に摘み取ります。その年に最初に摘み取ったお茶が一番茶になります。

摘み取り
春になり新芽が出た茶葉を摘み取ります。摘み取りには手摘みと機械摘みがあります。成長具合が同じぐらいの茶葉を選別して摘み取ることができるので摘採精度としては手摘みのほうが優れていますが、近年は人手不足やコストなどの理由から減少しています。

蒸熱
摘み取った茶葉を工場に運び、蒸気を使って加熱処理します。茶葉の中にある酸化酵素の働きを止めることにより、茶葉はきれいな緑色のまま乾燥され緑茶になります。この工程が製茶工程ではとても重要になります。

粗揉
蒸した茶葉を次の機械に移して、熱風を当てながら乾かしていく工程です。グルグルと回るアームによって茶葉同士を揉みながら乾燥させていきます。揉んで茶葉から出てくる水分と、熱風によって乾いていく速度を同じにすること（効率乾燥）がよいお茶をつくる基本になります。

揉捻
粗揉の機械から茶葉を取り出し、大きな分銅が付いたグルグルと回る機械で粗揉の終わった茶葉を熱を加えずに揉みます。硬さによって乾燥度合いの異なるお茶の茎と葉の部分の水分を整えていきます。この段階で茶葉は深い緑色に染まります。

中揉
揉捻が終わった茶葉を別の機械に移し、粗揉と同じように熱風で乾燥させます。機械のサイズは茶葉が乾燥しているのでひと回り小さくなります。この時点で製茶のできはほぼ決まります。

精揉
中揉が終わり少しほつれあっている茶葉をほぐしながら形を整えていきます。熱を加えてさらに乾燥させながら伸ばしていくことで、うねうねとした茶葉がピンとした針のような形状に変化していきます。

乾燥
熱風を使って茶葉を乾燥させていきます。乾燥後、茶葉の水分量は5パーセントほどになり、一番茶の場合、重量は始めの5分の1ほどになります。乾燥が終わると荒茶の完成です。

精揉

蒸熱前

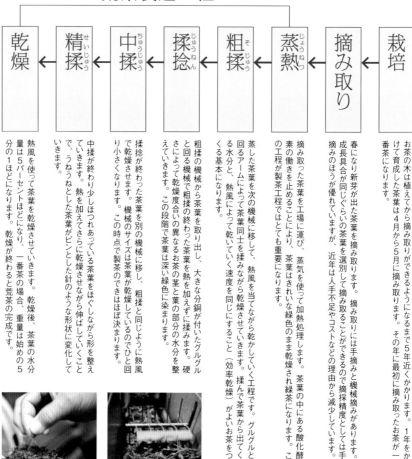

これだけ違う「荒茶」と「仕上げ茶」

荒茶は工場でできたままの茶葉なので無選別の状態。まだ乾燥が足りないので保存がきかず、商品として流通するものではありません。仕上げ茶となると商品としての流通が可能に。仕上げ茶は水分が少ないので常温での管理が可能ですが、荒茶は冷蔵庫で保管します。

茶葉はこうして仕上げられる

荒茶は商品の茶葉と同じような外観をしていますが、形が不揃いであったり、乾燥不足による青臭い香り、雑味のもとになる部分が多く混在しています。

仕上げ工程は荒茶から余分なパーツを取り除き、お茶の香味を引き立てる作業です。生産者がつくった茶葉の特徴を理解し、その味わいをより引き出すという、ダイヤモンドの原石を磨いて宝石にする作業にも似ています。仕上げ工程によって茶葉の水分含有量は3パーセントほどになります。

仕上げ工程にはさまざまな方法があります。簡単にいいますと、茶葉の選別や整形、乾燥、ブレンド、梱包をして、商品として完成させることです。

まず荒茶をサイズや形状によってパーツごとにふるい分けます。パーツごとに分けることで仕上げの火入れ工程での乾燥度合いを揃えやすくなります。また、製造工程で混ざってしまった枝やその他の不純物も取り除いていきます。

もっとも重要な火入れ工程によって茶葉はよりテリがでて色が深くなります。またこの工程で火香とよばれる香ばしい香りが茶葉につきます。この香りをどれだけつけていくかもお茶の特徴を決めるとても重要な工程です。

火入れ工程では乾燥のすすみ具合によって茶葉の音も変わっていきます。さらさらと軽やかな音がするようになったら完成です。

パーツごとに仕上げが終わったお茶は最後にもう一度混ぜあわせてお茶として完成します。どのようなパーツをどう混ぜあわせるかでもお茶の味わいは変わっていきます。

そして最後に包装がされます。

お茶の包装には窒素ガスを詰めるものと、脱気するものがあります。

お茶を選ぶ際は、きちんと仕上げられたお茶を選びましょう。

おいしく
淹れるための
大事なポイント!

よい茶葉を見分けるコツは?

茶葉からエキスを引き出したものがお茶ですから、おいしいお茶を淹れるためには、まずなによりも茶葉がおいしくなければなりません。

その見分け方は簡単! 茶葉をそのまま食べてみてください。すると、茶葉の持っている多くの情報を知ることができます。例えば、食べてもおいしくない場合、お茶をおいしく淹れることが難しくなります。

それらの情報をヒントにして、茶葉の持つ甘みや渋み、香りなどのたくさんの要素の中からどの部分を引き出すかを考えます。そしてその作業こそがおいしいお茶を淹れる第一歩なのです。茶葉の状態がよいものであればあるほど淹れ方の幅が増え、楽しみ方も広がっていきます。

ちなみに、おいしい茶葉とそうでない茶葉は値段に比例するとは限りませんので、先入観を持たずにいろいろと試してみてください。

Good	Bad
茶葉が乾燥している	茶葉が湿気ている
茶葉に艶がある	光沢がない
しっかりと撚《よ》られている	粉っぽい
好ましい香りがする	異臭、変質臭がする
浸出液は澄んだ黄金色	浸出液は赤黒みのある濁った色

熱湯を使った茶葉の見極め方

お茶を知る「拝見」

**茶葉を知らないと、どのようにお茶を淹れればよいかを考えることはできません。
お茶を知るために行なう行為、拝見をしてみましょう。**

初めての茶葉でお茶を淹れるとき、私はお茶を「拝見」してどのような茶葉なのかを見極めます。

ここでは熱湯を使った拝見の方法を簡単にご紹介します。ティーカップかご飯茶碗、それとスプーンを用意してください。そこへ、2〜3gの茶葉を入れ、熱湯を注ぎます。茶葉の開き方を観察しながら、香りやお茶の状態を見ます。

ポイントは茶葉の変化と立ち上がる香り。次にスプーンを使い、味をテイスティングします。

▼

1分後、3分後、5分後、10分後と茶葉の状態が変化しますので毎回、スプーンを使って味見をしながら観察します。

◎ここをチェック！

1 湯をさしたとき、くすんで濁った色にならないか

→雑味、えぐみの原因になります。

2 湯をさしたとき、お茶のよい香りがするか

3 湯をさしたあと、中の茶葉や、浸出液が赤みを帯びた色に変色してこないか

→殺青不良のお茶で、不自然に緑色だったり青臭かったりするお茶に多い傾向があります。苦み、えぐみの原因になります。

4 テイスティングをしている最中に、胃が痛くならないか

→胃痛は殺青不良のお茶が身体におよぼす影響のひとつです。

※「殺青」とは……製茶工程の最初の工程で、茶葉を加熱して酸化酵素の働きを止めること。

オリジナル茶器「茶茶のしずく」を使った拝見

家でしっかりとした拝見をするのは大変ですが、「茶茶のしずく」を使うことで簡単に条件を揃えて茶葉を拝見することができます。茶葉の開きやすさ、開いていくときの香りの変化、開ききった茶葉の様子、水の色などに注目してみましょう。

やり方はお湯で温めた「茶茶のしずく」に茶葉2gを入れて、熱湯100ccを注ぎます。1分ほど待ってセカンドポットに注ぎきります。おすすめは午前中に行なうこと。香水や化粧品の使用は控えて、香りを感じやすい状態で試してみましょう。

「茶茶のしずく」を複数個用意することで同じ条件で複数のお茶を味見することができます。それぞれの味わいの差がわかり、より理解しやすくなります。品種やつくりによって異なる香り、味わいの変化も見どころ。香りを“お茶から立ち上がる香り”、“口の中で広がる香り”、“口の中に残る余韻の香り”などと分けて意識してみるのも楽しいですよ。

茶葉の味を決める3つの要素

お茶の味わいの差はどのようにして生まれてくるのでしょうか。
ここでは茶葉の製法、品種、畑の環境（テロワール）の3つに分類してみていきます。

製 法

摘み取ったお茶の葉をどのように乾燥させるかによってお茶の味わいが変わってきます。同じ茶葉から紅茶や抹茶、煎茶までつくられると言えば多様性が分かるかと思います。私のお店「茶茶の間」で扱うお茶は煎茶です。その中でも茶葉の形状がしっかりとした普通煎茶を扱っています。その理由としてはゆっくりと茶葉が開くために、さまざまな味わいを楽しむことができるからです。

＜製法によるお茶の種類＞
煎茶・玉露・かぶせ茶・釜炒り茶・烏龍茶・紅茶 など

品 種

お茶の木には品種があります。香りが特徴の品種、味わいがいい品種、早く芽が出る品種、水色がよい品種等々。それぞれのお茶によって香味はまったく異なります。もっとも普及している品種は「やぶきた」で、作付面積の70パーセントを超えています。煎茶の味わいを想像したときに浮かぶ味わいはほぼ「やぶきた」の味わいでしょう。色々な品種を試してみるのも楽しいですよ。

＜お茶の品種＞
やぶきた・蒼風・印雑・香駿・おくゆたか・かなやみどり・大棟・山峡 など

テロワール

そのお茶が育った土地によってお茶は味わいを変えます。気候、標高、土地の質、日当たり、その他諸々のその土地ならではの条件です。その中でももっとも注目すべきはその土地の標高でしょうか。標高があがるとお茶は香りがよくなり、平野で栽培すると味わいが濃くなる傾向があります。これは紅茶でも同じことが言えます。その年の気候もお茶に大きな影響をあたえますので、同じ土地のものでも毎年ちがった味わいを楽しめます。畑の手入れも重要な要素で、例えば有機栽培でつくられたお茶は、すっきりとした味わいと澄んだ香りが特徴となります。

← 次のページではもう少し細かく分けてみましょう。

これらの組みあわせによって
茶葉のちがいは決まります

品種

早生品種、中生品種（やぶきた基準）、
晩生品種、印雑系品種など
→品種によって、味や香りが変わってくる。

〈例〉
・温和でバランスがいい「やぶきた」
・花のような香りがする「蒼風」
・甘みがある「おくゆたか」

土地による特性

・山間部でつくられる茶葉
……香りが強くなりやすい。
・平野部でつくられる茶葉
……味わいが濃くなりやすい。

茶摘み方法によるちがい

・乗用及び可搬型の機械摘み
・人による手摘み

栽培方法

・慣行栽培
・有機栽培
・無農薬無施肥栽培
・被覆栽培
・茶摘み方法による畑のつくり方のちがい

製法

・普通蒸し製法
・深蒸し製法
・釜炒り製法

その他

・ブレンドをしない単一農園・単一仕上げ、シングルオリジンの茶葉
・ブレンドした茶葉（静岡茶、宇治茶など）
→製法、製造者の異なる茶葉の味の均一化と量の確保のために行なう。

おいしいお茶と産地は無関係？

よく「どこの産地のお茶がおいしいですか」と聞かれることがあります。そこで「〜〜産のお茶がおいしいですよ」といいたいところなのですが、おいしいお茶について語るなら、実は産地はあまり関係ないのです。では、おいしいお茶はどうして決まるのかというと、気候条件、土地条件、そして生産者の技術です。

もっとも重要で、差が出るのは「誰がつくったのか」です。

優秀な生産者は、気候条件から土地の形状まで計算に入れて、土地を開墾して茶樹を育てていきます。ですから、そんな生産者が住む土地には、その場所にしかないおいしいお茶が存在しているのです。

煎茶
sencha

煎茶は生葉を蒸したあと、揉みながら乾燥させた緑茶の総称です。

良質な煎茶は艶のある濃緑色で美しい針状をしています。なぜ、針状なのかというと、現在の機械式の蒸し製緑茶は荒茶同士を揉んで乾燥させる手揉み茶の製

造工程を元につくられました。固さの異なるパーツを同時に乾燥させるためには、この形状が生葉を「効率乾燥」させるのにもっとも適しているからです。そして形と色の美しさはよい生葉を上手に茶葉にすることができた証拠でもあります。

このようにできあがった茶葉は、味が階層構造になっており、旨みとして感じられる水に溶けやすいアミノ酸成分とあいまって「1煎目がいちばん甘みと旨みがある」といわれます。1煎、2煎と回数を重ねて淹れるごとに、段階的に葉を開かせて変化する風味を楽しめるのも煎茶の魅力のひとつです。

良質なお茶は製茶工程で茶葉に負荷がかからないようにつくられるため、えぐみや苦みがなくお茶の甘みと香りを楽しめるのに対し、製造時に茶葉を壊してしまい粉が多くなった茶葉は、緑の色はよく出ますが雑味も多くなりがちです。

透明で輝きがある黄金色から薄い緑色、もしくは白色のお茶に淹れられるのが「良質な茶葉」とぜひ覚えておいてください。

良質な煎茶の茶葉とお茶の色。

玉露

gyokuro

茶園に棚をつくり、新芽が開きはじめた頃から段階的に日光を遮って育てられます。遮光期間は約3週間、摘み採りの際には、暗がりの中でお茶摘みが行なわれます。

玉露はその遮光と肥料を多く使用することで海産物を思わせるような香りと強い甘み、旨みを持ちます。

仕上げでの選別により、収量当たりの商品になる茶葉が少なくなります。手間がかかって量がつくれないために必然的に価格が上がります。

江戸時代には既に製法が確立し、当時から最高級茶として扱われてきました。

ほかに遮光して育てるお茶に「かぶせ茶」があります。こちらは近年つくられるようになった方法で、棚を使わずに遮光シートを直に茶の木に被せます。玉露に比べて遮光期間が短く、玉露と煎茶の中間のような味わいが特徴です。

深蒸し茶

fukamushicha

煎茶よりも長めに生葉を蒸し、渋みを抑える製法として昭和30年代頃に考えられたのが深蒸し茶です。

お茶の成分がすぐに浸出し、手軽に淹れられることから、かつては〝フリースタイル茶〟とも呼ばれました。

良質な深蒸し茶は青臭みがなく、ややにごりがあって黄緑色に入ります。

一般的な深蒸し茶は、抹茶のようなお茶の色味と、味わいも煎茶と抹茶の中間のような濃いめの風味です。

現在では、静岡や鹿児島、三重などの大規模生産地で大型機械による大量生産が行なわれています。

茶葉が細かいことがあるので急須で淹れる際には茶漉しとの相性に注意しましょう。

釜炒り茶

kamairicha

一般的な製茶の蒸す工程のかわりに、鉄釜等で炒ることにより熱を加える製茶の方法で、かつて中国から伝わった製法といわれています。もっとも有名な産地は嬉野茶で、中国式の釜炒り機を導入した歴史をもっています。

炒って製茶をすることで「釜香」と呼ばれる独自の香りが茶葉から立ち、生産者や生産地によっても製法が異なるため風味も多種多様です。

長崎、佐賀、熊本、宮崎、鹿児島と、主に九州を中心につくられ、品種も釜炒り茶用の品種が選抜されるなど、蒸し製とは異なる味わいが楽しめます。近年、台湾式の釜炒り機を導入し、新たに釜炒り茶を製造する生産者も増えてきました。

小規模の生産者が多いため、個性あるシングルオリジンのお茶が多い傾向にあります。個性的なお茶を探すうえで注目すべき製法です。

茎茶

kukicha

荒茶を仕上げる選別工程で出てくる茎の部分だけを集めたお茶です。

玉露や抹茶の茎を集めた「雁がね」「白折れ」などの高級茎茶もあります。

また、地域によっては、骨茶、棒茶とも呼ばれます。

茎の部分は渋み成分が少ないために、良質なものであれば甘みが強く、夏草を思わせる独特の甘く青々しい香りがします。

ほうじ茶にも使われ、棒茶の名前で親しまれているお茶は茎茶を焙《ほう》じたものです。

ほうじ茶

houjicha

緑茶を焙煎して、香ばしく炒り上げたものをほうじ茶といいます。

ひと口にほうじ茶といっても、どんな茶葉を原料としたかでその味が変わります。一般的に葉の部分が多いものは味が濃くなり、良質な茎だけを使用したものは甘みに優れます。

良質のほうじ茶は茎の部分が指でつぶせるほど柔らかです。

焙烙《ほうろく》やフライパンで緑茶を炒って自家製ほうじ茶をつくるのも、慣れればそれほど難しくはありません。

炒りたてのふくらみのある香りをぜひ楽しんでみてください（69ページ参照）。

玄米茶

genmaicha

炒ったお米を加えて飲む、日本茶版のフレーバードティーです。

玄米茶という名ですが、炒った白米が使われることもあります。

お米の少し甘い味わいと、香ばしい香りが楽しめる優しい味わいのお茶です。

炒ったお米だけを売っているところもありますので、お気に入りの煎茶などと混ぜても楽しいです。

また、焙烙などを使って自分で米や玄米を炒って加えれば、自家製の玄米茶がつくれます（71ページ参照）。

番茶
bancha

番茶とは、日常茶のことで、水代わりに食事といっしょに飲まれるようなお茶を指します。

番茶は歴史が長く、日本でも1000年以上前からつくられていたのではないかともいわれています。地方により「日常」の文化や様式が異なるため、地域色豊かなお茶があります。緑茶であったり、ほうじ茶であったり、玄米茶、その土地独特のつくられ方をした番茶があります。

本来、流通にのるものではなく、家庭内で消費される自家用茶でしたが、近年、自家用に番茶をつくる家が減ったため、希少性が増しつつあります。

そのような例として、高知県の特産品の「碁石茶」があります。こちらは発酵工程もある珍しいお茶で、フルーティな酸味が特徴的なお茶です。地域ならではの面白さもある番茶は、旅行に出かけた際にはチェックしておきたいお茶です。

国産紅茶

kokusankoucha

日本国内で生産されている紅茶です。明治から大正時代にかけ、外貨獲得のための輸出用作物として生産されたのがはじまりです。

外国産のものと比べて渋みが少ない点などをセールスポイントに、国内向けに新たに生産を行なう動きも見られます。

近年では国産紅茶コンテストも多くなり、今後期待されるお茶のひとつです。

生産者ごとで味わいが大きく異なるので、生産者に注目して探してみるのもいいかもしれません。

シングルオリジンのお茶の魅力

単一農園・単一品種。近年、〝シングルオリジン〟と呼ばれる茶葉が増えてきました。ここではその魅力をご紹介します。

一般的に煎茶は合組、つまりいろいろな産地や品種の茶葉をブレンドして流通しています。同じ味の茶葉を安定して供給するためには、とても理にかなった方法です。

それに対し、シングルオリジンとは、単一農園・単一品種の茶葉のことをいいます。ブレンドされていないということで、コーヒーなどでも同様の言葉が使われることがあります。

天候の影響を受けやすく、味や収穫量を一定に保ちにくいというデメリットもありますが、シングルオリジンのお茶にはブレンドされたお茶にはない、個性的な味わいがあります。私のお店「茶茶の間」で主に扱っているのもシングルオリジンです。

最大の魅力はなんといってもその香りです。ひとつの畑でつくられているため、茶葉が同じように開き、煎を分けてお茶を淹れても奥ゆきのあるクリアな香味を楽しむことができます。

ただし、シングルオリジンであれば何でもいいというわけではありません。ごまかしがきかないぶん、質の悪いお茶ではその欠点ばかりが目立ってしまいますので、茶葉選びはしっかりと行ないましょう。

現在は、さまざまなシングルオリジンの茶葉を入手することができます。

品種や産地による香りや味わいの差はもちろん、年ごとによるちがいや生産者の製茶・仕上げの技術、さらには彼らのお茶に対する考えにまで想いを馳せることができれば、茶葉選びはもっと楽しくなるはずです。

コラム

旨みしっかり、渋みが強め……
おいしいお茶は「わからない」？

「おいしいお茶はどれですか？」「このお茶をおいしく淹れるのにはどうしたらいいのですか？」。お店で販売をしているときなどによく聞かれる質問です。

お客さまからすると、当たり前のことを聞いているのでしょうが、私たちはこういった質問を受けるとちょっと考え込んでしまいます。

それは、おいしいお茶がわからないからです。

もちろん、お店で取り扱っている茶葉はどれも私やスタッフが判断をした十分によい茶葉で、おいしいお茶を淹れることができる茶葉たちです。ですので、どのお茶でもまちがいなくおいしいお茶です、と自信を持っていえます。

ですが、問題になるのはお客さまの「おいしい」の基準で、お客さまが求めているお茶がどんなお茶なのか、なのです。

渋みが強めのお茶を探しているのか、甘みがしっかりとしたお茶がいいのか、香りがよいお茶がいいのか。

例えば自分で飲みたいお茶なのか、プレゼント用のお茶なのか、普段からたくさん飲むためのお茶を探しているのか、少し特別なお茶を探しているのか。

おいしさには正解がありません。

飲む人の数だけ正解がある、といってもいいかもしれません。

これは淹れ方でも同じことがいえます。

このお茶はどう淹れたらいい？　何グラム使ったらいい？

誰もが知りたいことですが、どのような道具があって、どのようなお茶を淹れるつもりかがわからないと正確には答えることができません。

ある程度一般的なお答えをすることはできますが、それがお口にあうかどうかは残念ながらわからないのです。

例えば100ccあたり3gの茶葉に80℃のお湯で2分というよく知られている煎茶の淹れ方があります。

これはいろいろなお茶をおいしく淹れることができる万能な方法です。

ですが、それぞれのお茶を見ていくとその個性を引き出したり、自分好みの味わい、自分が欲しいお茶の味わいにするためにはもっとちがった方法で淹れることが必要になります。

一つひとつお茶をおいしく淹れる方法、一般的な淹れ方からどう変えれば自分好みのお茶になるのか、おいしいお茶を楽しむ方法をこの本では紹介しています。

みなさんはこの本の淹れ方を参考にして、自分の好きなお茶、飲みたいお茶を楽しんでみてください。

第３章

いろいろな茶葉で
おいしく淹れてみましょう

前章で紹介したいろいろな種類の茶葉の淹れ方をご紹介します。日本茶はたくさんの茶葉があり、それぞれの持ち味を引き出す淹れ方もその数だけあります。まずはこのレシピを参考に試したら、次は皆さんの目の前にあるお茶のいちばんおいしい味わいを想像して、好みの淹れ方を見つけてみてください。

旨みを豊かに含んだ
至高の一滴に出会う

玉露

玉露の特徴は、煎茶にはない、風味豊かな海苔のような香りと旨みです。上質なものは渋みも少なく、熱湯や冷水など、あらゆる温度帯でおいしく淹れることができます。ただしここでは、旨みを中心に玉露全体の味わいを引き出すレシピを紹介します。

水出しで淹れたお茶をあとから加温して玉露らしさを引き出します。まさに甘露の玉雫といえる味わいをお楽しみください。

香りを引き出したいなら、40℃ほどのぬるめの温度をおすすめします。

なお、玉露も煎茶に分類されるものなので、前に紹介している煎茶のいろいろな淹れ方もぜひ試してみてください。

ひと目でわかる

玉露の淹れ方（1人分）

茶葉の量　少 ―― 4g ―― 多

お湯の量　少 ―― 20〜30cc ―― 多

お湯の温度　低 ―― 冷水 ―― 高

浸出時間　短 ―― 3分 ―― 長

1

茶葉4gを入れ、指で平らに広げる。器はお気に入りの酒杯や小皿で代用してもＯＫ。

2

よりまろやかな味に淹れるため、冷水を水もみ(83ページの「湯もみ」参照)しておく。

3

2の水を静かにまわし入れる。

4

水は茶葉の上までたっぷりと浸かってしまわない程度の量を心がける。

5

その間に熱湯で茶杯を温めておく。

6

3分たったら茶杯に注いでできあがり。

＼ワンポイントアドバイス／

茶杯を温めておくと、ふわ〜っと広がるやわらかな香りが楽しめます。淹れたらすぐにいただきましょう。反対に、茶杯が冷たい場合は、口の中でしっかりと玉露の香りを感じることができます。茶杯の温度ひとつでもこれほどにちがいが出るのです。

淹れるスタイルを選ばない
手軽な日常茶

深蒸し茶

深蒸し茶は、お茶の繊維を感じる濃厚な味わいが特徴です。長く蒸すことで茶葉が細かい粉状になっているため、浸出時間をそれほど長くとらなくてもお茶の色がよく出ます。

今回は、そんな深蒸し茶を渋みをあまり出さずに、濃厚な味わいだけを引き出す淹れ方を紹介します。

粉体状に加工された茶葉が多く、茶漉しにも詰まりやすいため、使う道具には気をつけていただきたいのですが、急須の扱いにさえ気をつければ、煎茶同様にいろいろな淹れ方ができるお茶なので、前に紹介した淹れ方も楽しんでみてください。

ひと目でわかる

深蒸し茶の淹れ方（1人分）

茶葉の量　少 ― 3g ― 多
お湯の量　少 ― 80cc ― 多
お湯の温度　低 ― 70℃ ― 高
浸出時間　短 ― 1分 ― 長

1

茶葉3gを入れる。同じグラム数でも煎茶にくらべてかさが小さいので注意。

2

お湯（70℃）を注ぐ。

3

蓋をして1分たったら茶杯などに移してできあがり。

4

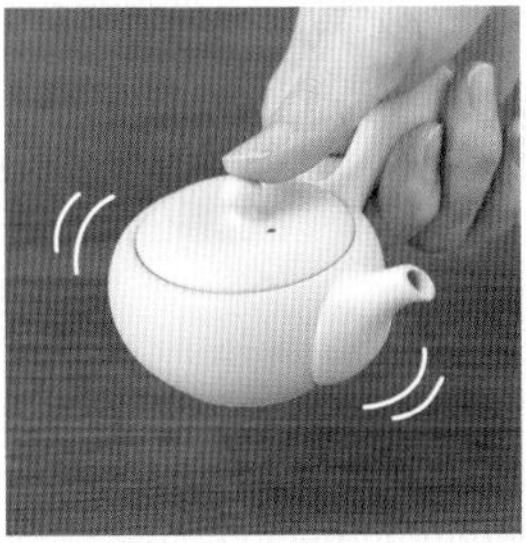

5

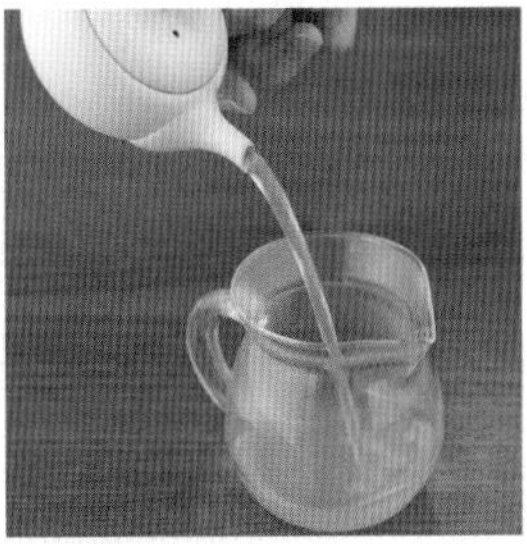

急須を回したり、揺すったりするとしっかり色が出る。ただし、渋く、濃くなりすぎることもある。また、勢いよく注ぐと急須が目づまりしやすいので注意。

＼ワンポイントアドバイス／

急須を傾けるときは優しくゆっくり傾けることで目づまりを防ぐことができます。目づまりした場合は、軽く揺すってつまった茶葉をほぐしてもういちど優しく傾けて淹れましょう。

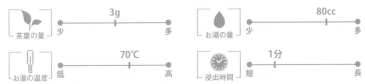

豊かな香りに甘みを
たっぷり加えて極上の味わいに

釜炒り茶

釜炒り茶は中国緑茶に近く、蒸し製の煎茶とは異なる、ハーブを思わせるスッキリとした香りが特徴です。

そこで一般的には香りに着目して高温で淹れて楽しむものですが、渋みが出にくいという特徴を活かし、より甘みを引き出す淹れ方を紹介します。煎茶や玉露とはまた違う、釜炒り茶ならではの味わいをお楽しみください。

また、ここでは中国茶でよく使われる蓋碗での淹れ方を紹介します。シンプルな構造なので茶葉の状態をとらえやすく、すぐに湯を切ることができるためにお茶を甘く淹れやすい道具です。

急須でも淹れられますが、道具を変えてみるのも楽しいものです。

ひと目でわかる

釜炒り茶の淹れ方（1人分）

茶葉の量　少 ― 3g ― 多

お湯の量　少 ― 20〜30cc ― 多

お湯の温度　低 ― 60℃ ― 高

浸出時間　短 ― 1分 ― 長

1

茶葉3gを蓋椀に入れる。もちろん急須を使ってもＯＫ。

2

お湯(60℃)を注ぐ。茶葉に直接かけず、器の内側をはわせるように入れる。

3

茶葉の底の部分はお湯に浸かり、上の部分は乾いている状態になるように淹れるのがコツ。こうすることでよけいな渋みを出さない効果も。

4

その間に茶杯をお湯で温めておく。

5

蓋をして1分たったら、蓋を少しずらしてお湯の出口をつくり、そこからそっと茶杯に注いでできあがり。

＼ワンポイントアドバイス／

60℃のお湯と蓋碗を使うことでより湯温が下がりやすく、よけいな渋みが出ません。また、蓋碗は茶葉を揺らすことなくお湯を入れられます。

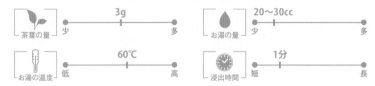

青々しい香りと控え目な渋みで
口当たりも軽やか

茎茶

茎茶は優しい甘みと軽快な渋み、茎のスッとするみずみずしい香りが楽しめます。

煎茶とは違った華やかでフルーティな香りがあり、渋みも少なく、愛好者も多い煎茶の一種です。

また、玉露や高級茶からつくられた、「雁がね」「白折れ」などの高級茎茶もあります。

中には軽く焙じたものもあり、自分で茎茶を軽く炒って飲むのもおすすめ。ポップコーンのように大きくふくらんだ茎はとても香ばしく、食べても美味です。

ここでは、茎茶らしい甘さを引き出す淹れ方をご紹介します。

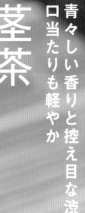

ひと目でわかる

茎茶の淹れ方（1人分）

茶葉の量：少 — 3g — 多

お湯の量：少 — 60cc — 多

お湯の温度：低 — 90℃ — 高

浸出時間：短 — 3分 — 長

≡ 1 ≡

茶葉3gを入れる。

≡ 2 ≡

お湯（90℃）を注ぐ。

≡ 3 ≡

3分たったら、蓋をして茶杯に注いでできあがり。茎茶の持つ、青々しい豊かな香りを楽しみながらいただく。

茶かごを使って淹れてみましょう

茶かごを使えば、急須がなくても簡単にお茶を淹れることができます。

≡ 1 ≡

湯呑みの上の位置で茶かごを持ち、茶葉を入れる。

大人数分を一度に淹れたいときには大きめの急須で。

≡ 2 ≡

お湯を注ぐ。

≡ 3 ≡

30秒程度待ってから、茶かごを上にスッと引き上げればできあがり。

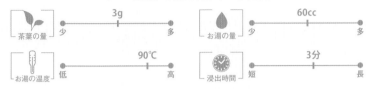

甘い香りで心をふんわり包む
やさしい一杯

ほうじ茶

炒ることで豊かに立ちのぼる香味と、さっぱりとしたあと口が魅力のほうじ茶。その持ち味を味わうには、まずは熱湯で淹れてみましょう。熱湯を使うことで、香り成分を引き出すことができます。

また、意外と知られていませんが、良質な茶葉であれば水出しでもおいしくいただけます。

ほうじ茶も煎茶同様にいろいろな淹れ方を試して、さまざまなシチュエーションにあわせてみてください。

ひと目でわかる

ほうじ茶の淹れ方（1人分）

茶葉の量　少 ― 3g ― 多

お湯の量　少 ― 100cc ― 多

お湯の温度　低 ― 90℃ ― 高

浸出時間　短 ― 30秒 ― 長

≡ 1 ≡

茶葉3gを入れる。ほうじ茶の3gは茶さじ2杯分程度が目安。

≡ 2 ≡

お湯（90℃）を注ぐ。

≡ 3 ≡

30秒ほどたったら急須に蓋をして茶杯に注いでできあがり。茎ほうじなど、茎が多いほうじ茶は器に注ぐ直前に蓋をしたほうが香気が通ります。

ほうじ茶を自分で炒ってみましょう

焙烙（茶葉などを炒るための専用の道具）やフライパンを使って挑戦。
「いま飲みたい分だけ炒る」が基本です。

茎茶または煎茶を適量入れ、強火で一気に炒る。香ばしい香りが立つ手前で火からおろして完成。

炒る前

炒ったあと

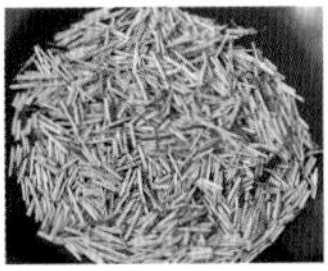

香りが立つまで炒ると、お茶を淹れる前に香りがなくなってしまうので注意。

炒りすぎたときの茶葉。こげてしまい、お茶を淹れても苦みとこげくささを感じる。

炒りおわったら…

- 炒りたての香ばしい香りを楽しみたいときはすぐに飲みましょう。
- 味をより堪能したい場合は２〜３日ほど完全密封で保存したのちに飲みます。
- 良質なほうじ茶は水出しでもおいしくいただけます（105ページ参照）。

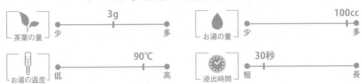

〝和製フレーバードティー〟の
香ばしさにホッとひと息

玄米茶

玄米茶の茶葉は通常、玄米と煎茶がおよそ1対1の割合でブレンドされています。半分は玄米ですので、熱湯で淹れてもそれほど渋くはなりません。

そこで浸出時間をきちんととり、玄米の風味に負けないよう煎茶の存在感をしっかりと引き出しましょう。

また自家製玄米茶のつくり方もご紹介しますので、おうちでぜひチャレンジしてみてください。

ひと目でわかる

玄米茶の淹れ方（1人分）

茶葉の量　少 ― 3g ― 多

お湯の量　少 ― 80cc ― 多

お湯の温度　低 ― 100℃ ― 高

浸出時間　短 ― 1分 ― 長

≡ 1 ≡

茶葉3gを入れ、熱湯を注ぐ。

≡ 2 ≡

蓋をして1分たったら、茶杯などに注いでできあがり。

玄米茶を自分でつくってみましょう

オリジナルの玄米茶をつくって、炒りたてのおいしさを味わってみましょう。

≡ 1 ≡

焙烙やフライパンを使い、玄米を飲みたい分だけ強火で炒る。

≡ 2 ≡

玄米がポップコーンのように弾けてきたら火からおろす。

≡ 3 ≡

炒ったあとは体積が増えます。

≡ 4 ≡

最後に煎茶と炒った玄米をブレンドして完成。基本の比率は1：1の重量比です。

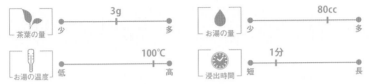

お手軽かつ香り豊か
愛されつづける〝いつもの味〟

番茶

地方色が豊かな番茶は、さまざまな産地、地方の特色を生かして各家庭でつくられた、かつての日本人が常飲した日常茶といえます。

今となっては、なかなか珍しく、自分で淹れなければ絶対に味わえない嗜好品ともいえる希少なお茶になりつつあります。

今回はいろいろな地方でつくられている、成熟した茶葉を乾燥させて焙じた番茶の淹れ方を紹介します。

基本的に高温度帯で香りを引き出すのが番茶の特色を活かした淹れ方です。

ひと目でわかる

番茶の淹れ方（１人分）

茶葉の量　少　3g　多
お湯の量　少　100cc　多
お湯の温度　低　100℃　高
浸出時間　短　30秒　長

1

茶葉3gを入れる。同じ3gでも煎茶などに比べると見た目のボリュームはかなり多め。

2

熱湯を注ぐ。

3

30秒程度たったら、茶杯または味見用のガラスポットなどに注いでできあがり。

＼ワンポイントアドバイス／

番茶をヤカンで沸かすときは……

沸騰したお湯約１ℓに、茶葉を約8g入れます。そのまま３分ほど煎じればできあがり。これが昔ながらの「煎茶」（＝煎じるお茶）のスタイルです。

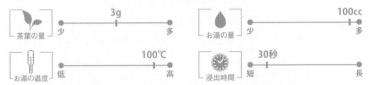

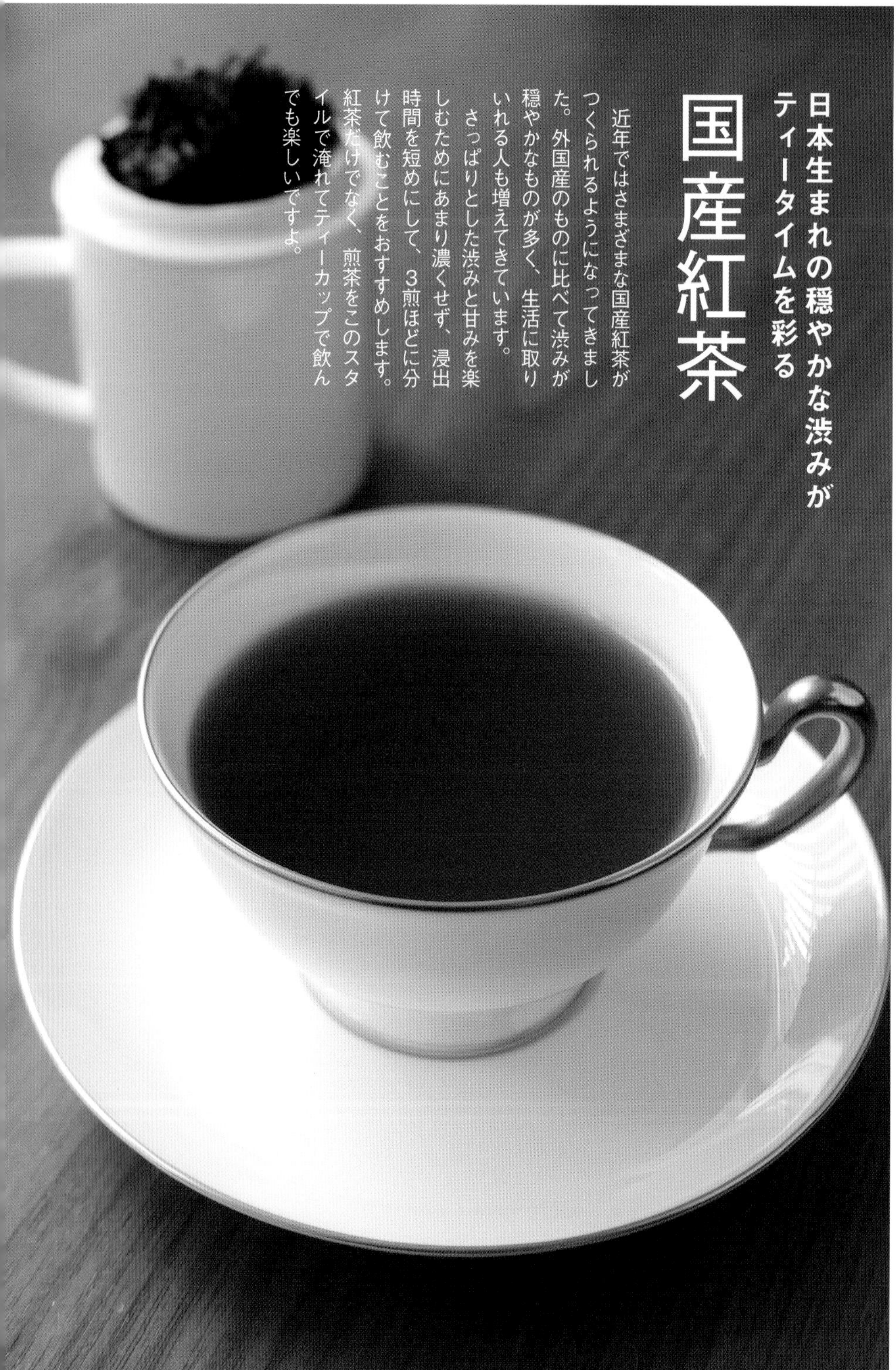

日本生まれの穏やかな渋みが
ティータイムを彩る

国産紅茶

近年ではさまざまな国産紅茶がつくられるようになってきました。外国産のものに比べて渋みが穏やかなものが多く、生活に取りいれる人も増えてきています。

さっぱりとした渋みと甘みを楽しむためにあまり濃くせず、浸出時間を短めにして、3煎ほどに分けて飲むことをおすすめします。紅茶だけでなく、煎茶をこのスタイルで淹れてティーカップで飲んでも楽しいですよ。

ひと目でわかる

国産紅茶の淹れ方（1人分）

茶葉の量　少 ― 3g ― 多
お湯の量　少 ― 100cc ― 多
お湯の温度　低 ― 100℃ ― 高
浸出時間　短 ― 30秒 ― 長

≡ 1 ≡

茶葉3gを入れる。

≡ 2 ≡

熱湯を注ぐ。

≡ 3 ≡

30秒程度たったら、ティーカップや湯呑みなどに注いでできあがり。

≡ 4 ≡

煎茶などと同様に、淹れたあとは必ず急須の蓋を開けておく。2煎目も楽しめる。

国産烏龍茶「半醗酵茶」を淹れてみましょう

緑茶とちがった華やかな香りが楽しめる半醗酵茶。
近年、日本でも生産されるようになりました。簡単な淹れ方をご紹介します。

≡ 1 ≡
茶葉2gを入れる（1人分）。

≡ 2 ≡
90℃のお湯100ccを注ぐ。

≡ 3 ≡
香りが立ってきたらできあがり。茶葉によるが、浸出時間は1分前後が目安。

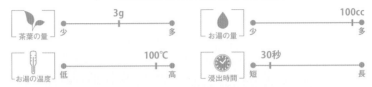

おいしく淹れる

ティーバッグのお茶

忙しいときには手軽に淹れられるティーバッグタイプのお茶が重宝します。
ちょっとしたコツを知れば、今までよりおいしくいただけます。

ひと目でわかる

ティーバッグのお茶の淹れ方（1人分）

茶葉の量（少〜多）	ティーバッグ1袋
お湯の温度（低〜高）	90℃
お湯の量（少〜多）	100cc
浸出時間（短〜長）	約1分

オフィスなどに常備しておいても便利なティーバッグタイプのお茶。

≡ 1 ≡

お湯を先に入れる。

≡ 2 ≡

器のふちから差し込むようにバッグを入れる。バッグ内の余分な空気を抜くため、全体が浸かるまで手を放さないこと。

≡ 3 ≡

蓋をして、約1分待つ。

≡ 4 ≡

蓋を外し、バッグを垂直に引き上げる。このときバッグを振ったり絞ったりすると雑味が出るため、静かに水滴が落ちきるのを待つ。

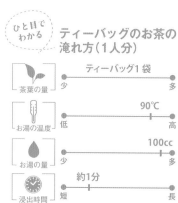

おいしく淹れる

国産ハーブティー

日本茶の淹れ方の応用でハーブティーを淹れることも可能です。
ハーブは香りを楽しむものなので薄めに淹れることをおすすめします。

ひと目でわかる

国産ハーブティーの淹れ方（1人分）

茶葉の量	1g	少〜多
お湯の温度	100℃	低〜高
お湯の量	100cc	少〜多
浸出時間	1分〜2分	短〜長

1

ハーブを入れる。

2

熱湯を注ぐ

3

1～2分たったら、ティーカップなどに注いでできあがり。浸出時間はハーブの種類によっても異なるので調整を。

ハーブがティーバッグに入っている場合は……

1 お湯を先に入れる。

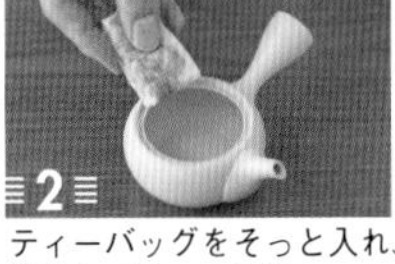

2 ティーバッグをそっと入れ、蓋をして1～2分待つ。

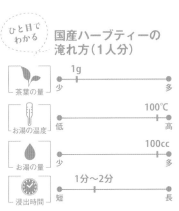

上級編に挑戦！

茶葉を見ながら実際に煎を重ねてお茶を淹れる方法を具体的に紹介します。
まずは、この通りに淹れてみてください。
そのあとは、自分の好みにあわせて煎ごとに淹れ方を変化させて淹れてみましょう。
煎ごとの特徴がわかれば、淹れる楽しさはますます広がります。

1煎ごとにお湯の温度を変えて淹れてみましょう

お茶は浸出するお湯の温度を変えることで、香りや味わいに変化をつけることができます。高い温度ほど茶葉の開きも早く、閉じ込めている香りや味わいも早く溶け出す反面、渋みも一緒に出てしまいます。茶葉の開き具合を見極めながら何煎も重ねることで、茶葉の持ち味をすべて引き出すつもりで淹れてみましょう。

1煎目 水出しで…

1

茶葉5gを入れる。今回は煎茶を使用。

2

冷水30ccを注いで3分待つ。

水を使うことで、茶葉が開きづらく渋みが溶け出しにくくなることでお茶の甘みだけを浸出させることができます。

3

その間に茶杯をお湯で温めておく。

4

茶杯に注いでできあがり。温めた器に冷たいお茶を注ぐと、ふわりと広がる香りが楽しめる。また、冷水を使うことで渋みもまったく出ない。

淹れ終わったあとの茶葉

ほとんど開いていないため、まだまだ楽しめる。

2煎目 氷出しで…

1

1煎目を注ぎきったあとの急須に氷を50gと水10ccを入れる。2煎目は茶葉が開きやすくなっているため、低温でもっとも開きにくい氷を使って甘みを引き出す。

2

2～3分待って、急須の外側が氷で冷たくなってきたら茶杯に移してできあがり。

淹れ終わったあとの茶葉

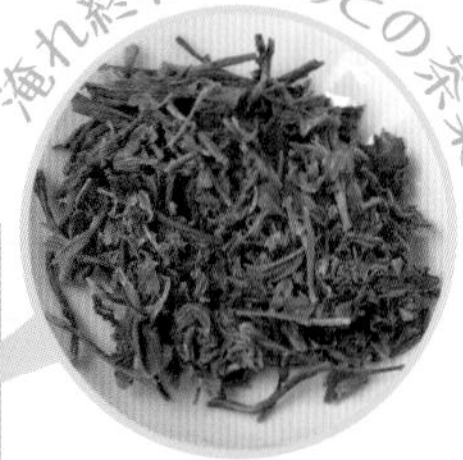

茶葉の状態は、どれだけ味が残っているかを知るヒントに。写真のような開き具合なら3煎目も十分淹れられる。

3煎目 熱湯で…

1

2煎目を注ぎきったあとの急須に熱湯（90～100℃）100ccを注ぐ。

2

数秒たったら器に移してできあがり。

淹れ終わったあとの茶葉

今まで開かなかった茶葉が一気に広がり、香りと渋みが楽しめる。ここまで開いたら、4煎目以降は熱湯を使ってお茶の余韻を楽しむ。

コラム

茶葉の「再仕上」でもっと自分好みに

お茶の淹れ方の上級編としてぜひお伝えしたいのがお茶の「再仕上」です。

仕上げとは荒茶を商品のお茶にすることですが、実際に買ってきた茶葉を自分の好みに調整することを私は「再仕上」と呼んでいます。

手元にある茶葉をより自分の求めるものに近づけるため、さらに手を加える。急須に入れる前にお茶をつくり始める工程です。

お茶を淹れる工程でどのような淹れ方をしようかな、と考えるのと同じように、こんな茶葉を淹れたい、そう自分が思う理想のお茶に仕上げることです。

もっとも簡単な方法は、ふるいにかけて自分の欲しい茶葉だけを急須に入れることです。

私は薄く丸いお茶の拝見盆を使って行ないますが、同様のことを浅めのボールやステンレス、紙などの軽いお皿を使っても可能です。

目で見ながら茶葉を上から落とすようなイメージであおって、風で分けていきます。

そのときにじっくりと見てみてください。

茶葉の中にいろいろなパーツがあり、色や形状が異なるものが混ざり合っていることがわかるかと思います。

お茶はそのパーツがバランスよく入って味が構成されます。仕上げでは余分なパーツを取り除いていますが、輸送中に出る細かいダストなどは取り除くことができません。

そういったものを取り除いて自分好みのお茶の葉を急須に入れる前から用意しましょう。

また、お茶の乾燥度を上げるために熱を加えるという方法もあります。こちらもお好みでぜひお試しください。

茶葉を撚って不要なパーツを取り除く。

拝見盆を使った再火入れ。

第４章

知っておきたい、
大切な水と道具のこと

おいしくお茶を淹れるためには、茶葉だけではなくその他の要素にもしっかりと気を配ることが不可欠です。お茶の主成分となる水の選び方や、おいしい水のつくり方。お茶の時間をさらに楽しく演出してくれる、とても奥深い急須や茶器。これを知れば、毎日の一杯がもっともっとおいしくなりますよ。

おいしい水のはなし

上質な水はお茶をおいしく淹れる決め手ともいえる重要なもの。
水の力は実に偉大です。

目の前に、一杯のお茶があります。

このお茶の主成分はなんでしょうか？

実は、お茶の99・7パーセントは水でできているのです。ですから、おいしいお茶を飲みたいと思ったら、おいしい水が不可欠ということになります。

おいしい水といえば、真っ先に思い浮かぶのはミネラルウォーターかもしれません。ですが、水中に溶け込んだミネラル分はお茶の味に大きな影響を与えます。

一般的に、硬度の高いものほどお茶の渋みや味を薄くし、低いものほど、味を際立たせるため渋みを感じやすくさせます。

ただ、これは一般論であって、必ずそうなるというものでもありません。

基本は、無臭の水を用意すること、あとは先入観を持たずにさまざまな水を自由に試してみてください。

以前、佐賀の酒蔵の仕込み水でお茶を淹れる機会がありましたが、一般的な水道水より硬度があるにもかかわらず、意外にも茶葉の味をしっかりと引き出してくれるような水だったので、大変興味深かったことがあります。

意外な水で淹れてみると、面白い発見があるかもしれません。

知っとこワード

水の「硬度」って？

硬度とは、カルシウムとマグネシウムが水にどれだけ溶け込んでいるかを数字で表したものです。この数字が大きいほど、硬度の高い硬水、つまりミネラルがたくさん含まれている水になります。逆に、硬度の低い軟水は、ミネラル分があまり含まれていない水ということになります。

WHO（世界保健機関）の飲料水水質ガイドラインの分類上では、軟水（硬度0-60mg/ℓ未満）、中硬水（60-120mg/ℓ未満）、硬水（120-180mg/ℓ未満）、非常な硬水（180mg/ℓ以上）とされています。

一般的に日本の水は、軟水から中硬水が多いとされており、お茶に適した水だといわれています。

ただ、実際には、カルシウムとマグネシウムだけでなく、そのほかのミネラルも水の味に影響を与えているといわれており、単純に硬度だけでは水の味はわかりません。

こぼさない程度の高さで、手早く何度か茶海に水を移します。3～4回ほどで充分まろやかなお水となります。ただしお湯の場合、すぐに冷めてしまうので注意しましょう。

「湯もみ」でまろやかなお湯をつくってみましょう。

お茶の味わいはお湯で決まります。

沸き立てのお湯は少しとがった印象があり、お茶の渋みを感じさせてしまうことがあるので、お湯に空気を含ませる「湯もみ」をしてまろやかにしてあげましょう。

少し高めのところで、茶海やポットなどを使って、何回かお湯を動かして口当たりを良くしてあげます。

また、お湯だけでなく、冷水出しの場合も、氷水の状態で水もみをして空気を入れてあげると浸出が促され、冷水でも味わい深いお茶を淹れる事ができます。

ひと手間ですが、目的にあわせて是非試してみてください。

やけどにご注意を！

熱湯を高い位置から注ぐ際には、お湯やポットでやけどをしないよう、十分にご注意ください。また湯もみ中はお湯が飛び跳ねることもありますので、周囲の人(特に小さなお子さまなど)や物にも配慮が必要です。決して無理をせず、安全にできる範囲でお試しください。

おいしい水のつくり方とお湯の沸かし方

水を変えたらいつものお茶が驚くほどおいしく変身するかもしれません。さっそくお試しを。

おいしい水をつくってみましょう

おいしく安全な湧き水がいつでも自由に飲める。

そんな環境にいる人は稀だと思います。そうでなくても水道水がおいしいならそれがいちばんですが、何らかの手を加えることによって水道水がさらにおいしくなるなら試してみたい、という方も多いのではないでしょうか。

そこで、以下の方法をおすすめします。

1、浄水器を使う

まずは水道水の不純物を取り除きましょう。値段も手頃で、かつ手軽に始められるものでしたら、ポット型の浄水器がおすすめです。各メーカーや商品のグレードなどによっても異なりますが、多くは5000円以下で購入できます。

また、もう少し予算を上げて、据え置きタイプの浄水器を取り入れてみるのもいいでしょう。

近年スーパーなどでは、浄水された水を無料で提供しているところもありますので、まずはそういったものを利用してみるのもいいアイディアです。

2、炭、セラミックスなどでさらに水をおいしく

浄水器で水をろ過したら、炭やセラミックスを使って、さらに水を磨きます。浄水器を使っても取りきれなかった臭いを取り除いてくれる効果もあります。

また口当たりもまろやかになり、お茶の味をいっそう引き立ててくれます。

とにもかくにも、臭いのない水、素直な水をつくることが大切なのです。

お水がおいしい地域なら、水道水に炭を入れて一晩寝かせるだけで充分おいしいお水をつくることもできます。

お湯を沸かしてみましょう

おいしい水が用意できました。

次はその水をどうお湯にするかが問題です。例えば、ヤカンで沸かすにしても、それがステンレスなのか、銅やアルミなのか、または

水をおいしくしてくれる

おすすめの浄水器&グッズ

取り付け型浄水器

ファインセラミックフィルター浄水器 C1 スタンダードタイプ

浄水器専用のファインセラミックフィルターによって、細菌や不純物などをほぼ完全に除去してくれる。本体の向きを回転させることができるので、キッチンでの作業もラクチン。またほとんどの蛇口なら自分で取り付けることができる。

希望小売価格◎66,000円(税込)
※交換用カートリッジは別売
問合せ◎日本ガイシ株式会社
お客様窓口 0120-27-5739
ホームページ
◎ http://www.ngk.co.jp/C1

セラミックス

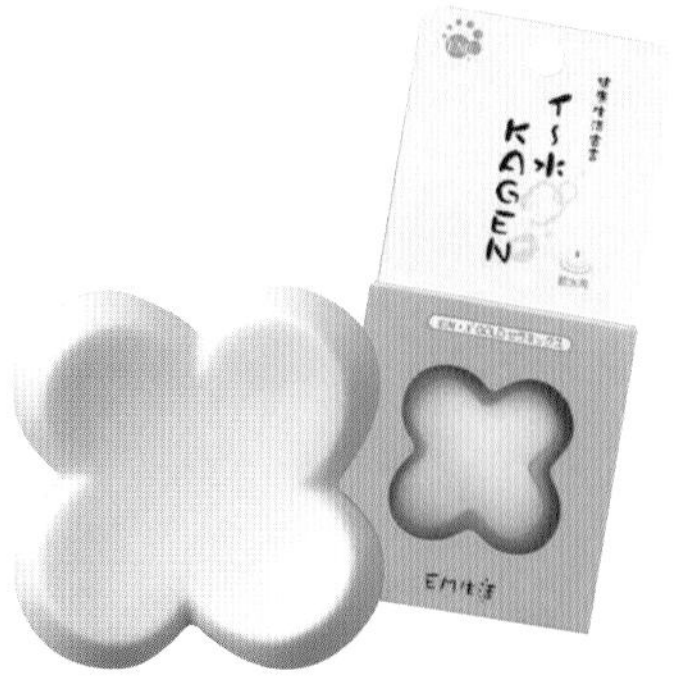

イ～水 KAGEN

人や自然と共生する乳酸菌・酵母・光合成細菌などの有用微生物群(EM)を活用したセラミックス。水の入ったボトルの中にポンっと入れるだけで、まろやかな味に。洗って繰り返し使えるので経済的。

定価◎1,571円(税込)
購入・問合せ◎(株)EM生活　お客様相談室0120-211-843
ホームページ◎ http://www.em-seikatsu.co.jp

ポット型浄水器

ポット型浄水器 Style(スタイル)

ドイツで誕生した浄水器ブランド BRITA のポット型浄水器。冷蔵庫に入るスリムタイプで、丸みを帯びた柔らかいデザインがやさしい空間を演出。浄水部の容量も1.4ℓとたっぷりで、カートリッジの交換時期をLEDライトで知らせてくれる「スマートライト」を搭載。取り付けの手間もなく、カートリッジ交換も簡単です。

定価◎3,980円(税抜)
※カートリッジ1個付き
問合せ◎ BRITAカスタマーセンター
0570-001179
ホームページ
◎ http://www.brita.co.jp

鉄瓶なのかによっても水は変化します。

さらに、電気ポットや電気ケトルなど、電気で水を沸かす道具もあり、選択肢は実に多様です。

沸かし方によっても水の風味はちがってきます。いちばん理想的なのは、鉄瓶や土鍋を使ってゆっくりと、100℃まで沸かす方法です。水が大変まろやかになります。ちなみに私のお店の場合、利便性と実益を兼ね、早く沸く電気ケトルの中に遠赤外線効果のあるセラミックスを入れています。

せっかくおいしい水をつくったからには、仕上げの湯沸かしにもぜひ、気を配ってみてください。

 ※掲載商品は2020年3月31日現在のものです。仕様や価格等が変更になる場合もありますのでご了承ください。

おいしく楽しむために大切な急須のこと

おいしい水が用意できたところで、次はお茶を淹れる道具の話をしていきましょう。

急須はいらない？

お茶は、水に茶葉を浸して、その浸出液を楽しむ飲み物です。ですから、器に茶葉と水があれば、もうお茶が淹れられます。「えっ」と思われるかもしれませんが、お茶は水を使ってどうやって浸出させるかが重要なので、必ず急須を使わなければならない理由はないのです。

例えば、背の高い器を用意していただければ、茶葉は自然に下に沈みますので、上澄みを飲むことができますし、茶葉を食べ、そこへ水かお湯を口の中に入れれば口の中でお茶ができます。

ただ、これらは茶葉の味をそのまま楽しみたいときのみに有効な方法であって、淹れたい目的にあわせてお茶の味を変化させるのは困難です。しかし、その淹れ方が目的にあっているならば、急須がなくても淹れることができるのです。

「お茶」と「人」をつなぐ

では、私たちはなぜ普段から急須を使うのでしょうか。それは、急須はそのお茶の浸出液をどのようにして搾り出すかを決められる道具だからです。水に浸しただけの浸出液ではなく「どのタイミングで浸出液を出すか」を選ぶことができ、急須の傾け方や淹れ方でお茶の濃さや薄さを調整することができるのです。

つまり、ただ茶葉の味を楽しむのではなく、お茶をより目的にあわせた風味に

アレンジして堪能するという、このうえない選択肢を私たちに与えてくれたのが急須なのです。

　お茶を淹れるということは、茶葉やお湯を水に浸すという実にシンプルな行為です。そしてシンプルであるがゆえに、急須へのお湯の入れ方や急須の動かし方、茶杯への淹れ方ひとつで風味が大きく変化します。

　少しかっこよく表現すれば「理想のお茶を具現化する道具」こそが、ほかでもない、急須なのです。

よい急須を選ぶためのポイント

急須は見た目ももちろん重要ですが、「お茶の持ち味を殺さない」「自分好みのお茶を淹れられる」という、2つの要素を持ちあわせていなければ、よい急須とは呼べません。そんな急須に出会い、長く付きあうために心がけたいポイントは大きく分けて4つあります。

① 急須のお手入れは丁寧に

- 錆びた金属製の茶漉しを使わない
- 急須を洗剤で洗わない
- においの残る漂白剤を使わない
- 急須をカビさせない

急須は、自分の理想をつくる大切な道具ですから大事に扱いましょう。そうでないと、お茶の風味を損ねてしまいます。どんなにおいしい水をつくっても、錆びの臭いと、塩素の臭いを急須でつけてしまったら、水道水をもう一度急須でつくり上げているようなものです。お茶を淹れ終わったら、お湯を使ってよくすすいでください。歯ブラシを1つ急須用にして、こまめに茶漉しを優しく洗ってください。最後にしっかり急須を乾かしてから保管するようにしましょう。

② 淹れ方を自分好みにコントロールしやすいものを選ぶ

- 手になじむもの
- お湯を入れたときによけいに茶葉を揺すらないもの
- 浸出液の出がよいもの
- 茶葉の開き加減を邪魔しないもの
- 最後の１滴をコントロールしやすいもの

急須を1回振っただけでも、お茶の味は変化します。ですから、素直に淹れやすい、操作しやすい急須がよいといえます。急須の傾け方で、茶葉に力が加わり、上澄みだけを淹れたり、絞り出したりすることもできるので手に持ったとき、安定感のある急須を選びましょう。

③ 蒸れにくい急須を選ぶ

- 必要最低限の大きさの急須
- お湯を入れたあと冷めやすいもの
- 湯切れのよいもの

熱いお湯を使うと非常に蒸れやすい状態になります。熱で蒸れてしまうと香りを失い、せっかくの茶葉が台無しになってしまいます。また、大きい急須もお茶を急須から注ぎはじめてから終わるまで時間がかかりすぎ、茶葉が蒸れやすくなります。ただ、そういう熱を持ちやすい急須は、冷めにくい急須なので、１回だけで茶葉のエキスを出し切る淹れ方には向いています。湯切れは浸出時間全体に影響を与えます。淹れ終わるまで茶葉はお湯にさらされますので、湯切れのよい急須がコントロールしやすくて淹れやすい、よい急須となります。

④ 材質にこだわる

ガラス

お茶の味を変化させずにストレートに淹れることができる。

磁器

ガラスに近く、薄さによっては冷めやすく、茶葉の香りが残りやすい。何煎も飲むのに適している。

炻器(せっき)

焼成温度の高い土ものの焼き物。磁器にくらべて少しお茶の味をまろやかにしてくれる。

陶器

土ものの焼き物。お茶の味をまろやかにしてくれる半面、土によっては味を薄くしてしまう。

急須の材質でお茶の風味が変わります。材質を生かして茶葉とあわせることで、より淹れ方のバリエーションが広がります。

茶こころ急須

日本茶ソムリエ・和多田喜がおすすめする究極の急須。
お茶を淹れるたびに新たな発見があるかもしれません。

私が常滑《とこなめ》の職人さんにお願いしてつくっていただいた急須があります。

急須の底面を広くして押しつぶしたような平たい形の少し変わった急須です。

この急須の最大の特徴は茶葉を開きにくくしたことです。急須の形状により、お湯を注ぐときやお茶を出すときに茶葉が動きにくくなります。

そのことによって茶葉がゆっくりと開き、また、ふたが大きいので茶葉をじっくりと見ながら淹れることができます。

お茶のことがよくわかる急須です。

煎を重ねていくときにどのように茶葉が変化していくかを手に取るように見ることができます。

実際にお店で使用していて

も、「今回は少し細かい茶葉が多いな」「茶葉が開いてしまったようだから、次の浸出時間は長くしよう」「今日のお茶は香りがとてもいいな」など気がつくことも多く、お客さまに〝よりおいしく〟楽しんでいただける急須だろうと感じています。
特別な一杯をじっくり味わいたいときに、ぜひお使いいただきたいおすすめの急須です。

茶葉のひろがりを目で見ながらお茶を淹れる。

いろいろな淹れ方を自由に楽しむことができます。

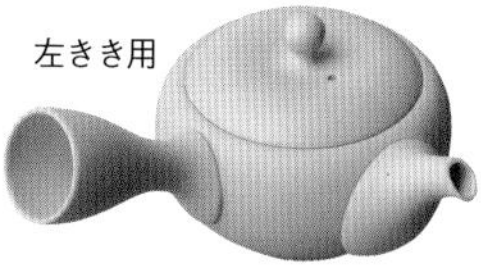

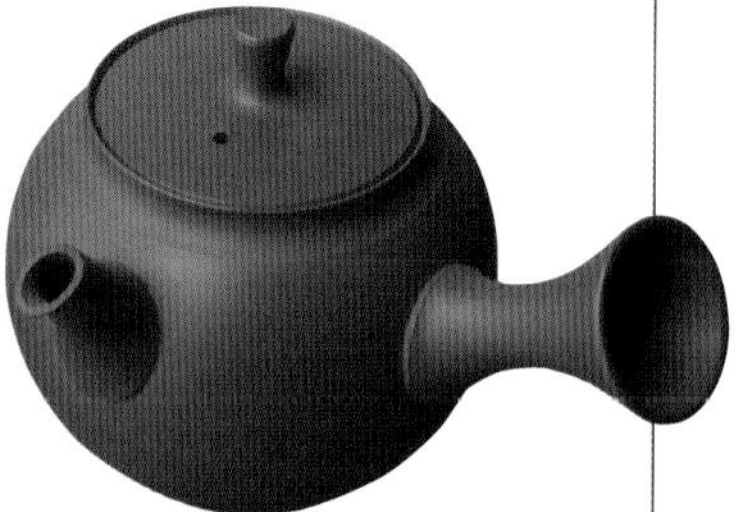

急須

急須は中国から伝わったあと、日本茶にあわせて日本独自に進化をしました。横手といわれる、横に持ち手がついたものが多いのが特徴です。日本全国各地でつくられており、有名な急須の産地として、三重県四日市市でつくられる万古焼や、愛知県常滑市でつくられる常滑焼があります。写真の急須は常滑焼の炻器の急須で、特徴として、お茶の味わいを適度にまろやかにしてくれる効果があります。それ以外にも各産地で、白磁や陶器の急須もあります。

長く使えば愛着もひとしお

茶器・小物いろいろ

お茶をおいしく淹れるには、道具選びはとても重要。
お茶のタイプや好みにあわせて、素敵なものを少しずつ揃えていきましょう。
お茶の時間がいっそう楽しくなりますよ。

搾り出し

日本茶を低温度で淹れやすい形状を追求した道具。網目の茶漉しが無く、最後の一滴まで注ぎ切るのに適している。そのため、濃厚にお茶を淹れることができる。

宝瓶

搾り出しに高さをつけて茶漉しをつけた道具。直接手で握るので温度がわかりやすくぬるめのお茶を淹れるのに適している。

蓋碗

急須とちがい、お湯を入れるときも、お茶を淹れるときも茶葉を揺らすことのない道具で、お茶の渋みを抑えるのに適している。蓋をずらして茶葉を押さえ隙間から注ぐ。

湯冷まし

お湯の温度をこれで調整。急須からこちらにいったん注ぎ、お茶の濃さをととのえるセカンドポットとしても重宝。

和多田流 すすり茶器「葉の雫」

日本茶ソムリエ・和多田喜が考案した茶器。形状の美しい良質の茶葉を目でも楽しみながら淹れたいときに。

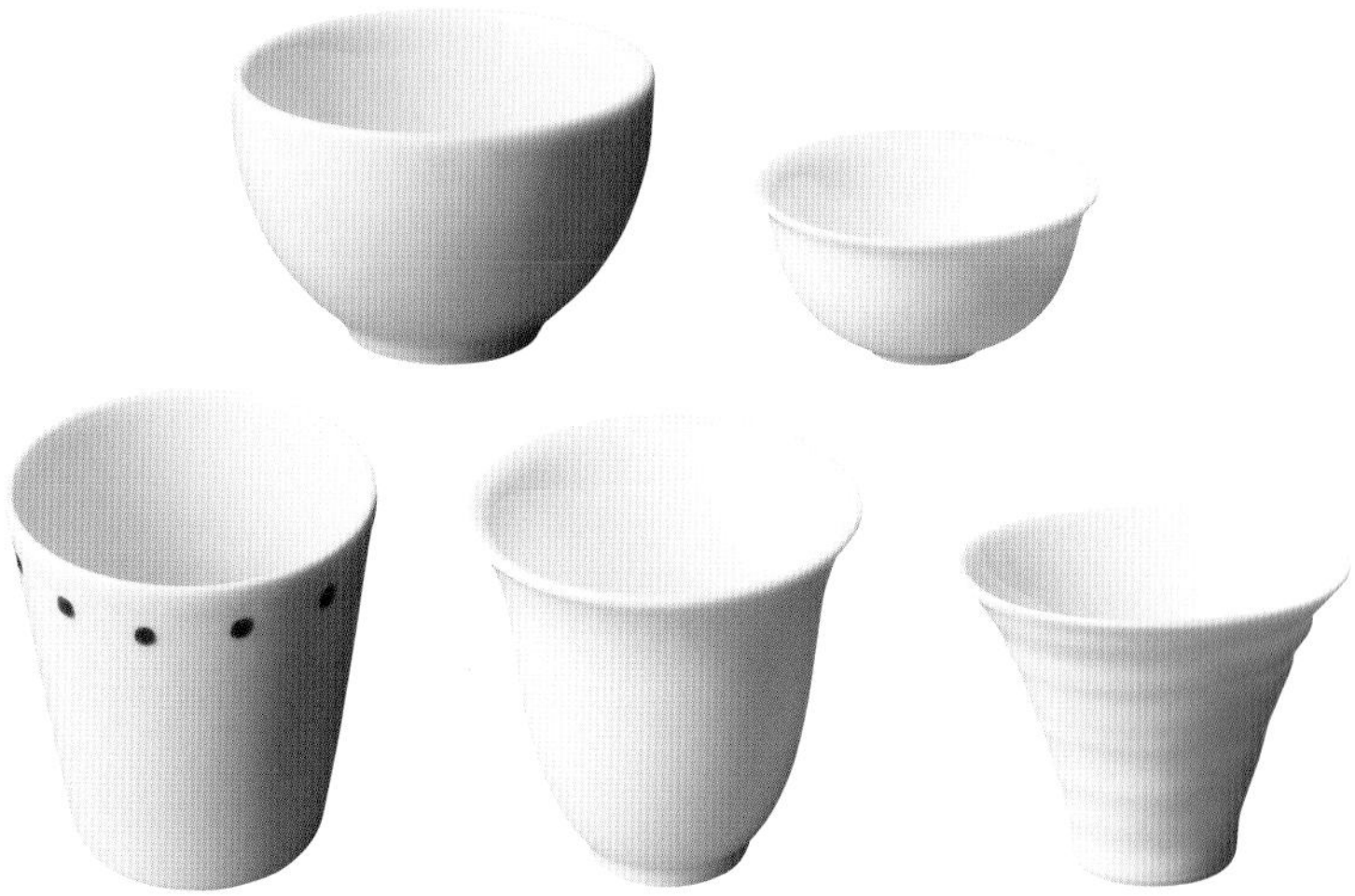

茶杯・湯呑み

形状によって、感じるお茶の香りや甘みが変化する。このほかに、ガラスや陶器のものもあるので、その日のお茶にあわせて使い分けて。

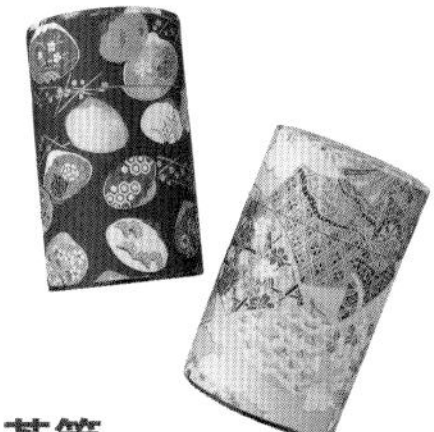

茶筒

茶葉を一時保管する際に使用。茶葉の種類や用途にあわせてサイズを選ぶとよい。

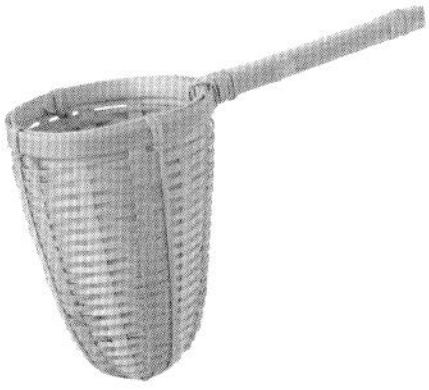

竹カゴ

温かみのある趣が魅力。急須を使わず、手軽に淹れたいときのために持っておくと便利。

茶さじ

手に馴染むものを選んで。木や金属、プラスチックなど、材質で選ぶのも楽しい。

コラム

お茶のおいしさを大きく左右する
茶漉《こ》しのはなし

近年、金網の茶漉しを使った急須が増えてきています。しかし、これにはひとつ大きな問題が。それは茶漉しの劣化によってお茶の味を損ねる可能性があるということです。

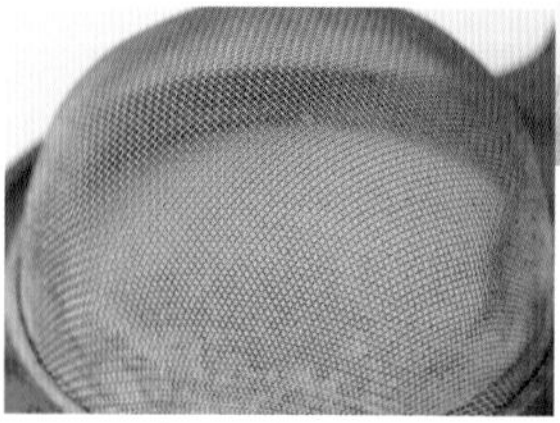

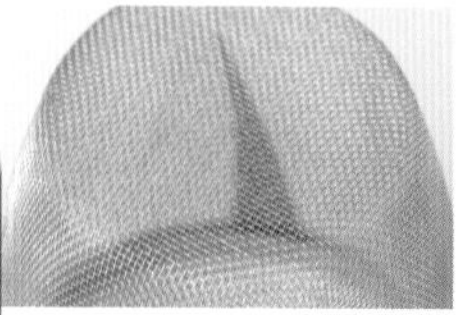

金網は、多くがフッ素コーティングされており、お茶の風味を損ねないような加工がしてあります。

しかしその加工も使っているうちにはがれ、金属の臭いがうつるようになってしまいます。使用状態や頻度にもよりますが、だいたい、半年～1年ほど使うと交換が必要になります。

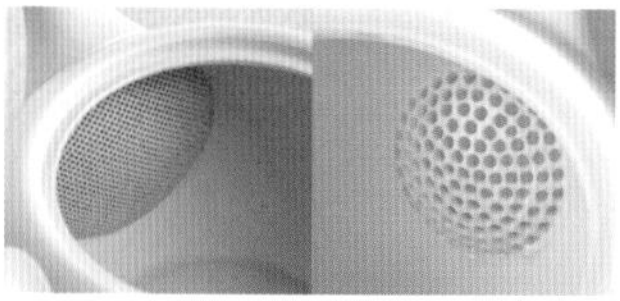

金網のように細かく、急須と同じ素材の茶漉しであれば、清潔に手入れしている限り劣化の心配はありません。

お湯が少ないと
茶葉まで浸らない…

簡単な金網のカゴをまるまる急須に入れるタイプのものもありますが、少人数分のお湯だと茶葉まで浸らないことも。

それならば……

茶漉しをはずして茶葉を入れ、淹れる際に茶漉しを直接注ぎ口で使うとお湯の量に関係なくおいしく淹れられます。

元来、急須は「茶注、茶銚」と呼ばれ中国でつくられました。その頃は、急須には茶漉しなどついておらず、急須の注ぎ口がただあるだけでした。

当時の茶葉は大きく、茶漉しがなくても茶が淹れられたのです（現在も中国茶はそのようにつくられているものが多くあります）。

本来、日本の緑茶も、お湯をさすと茶葉が一枚の葉に戻るので、茶漉しはなくても困ることはありませんでした。仮に必要があったとしても、簡単なもので十分だったのです。

ところが近年、細かい粉状になった深蒸し茶の登場によって、目の細かな茶漉しが重宝されるようになってきました。その流れにともなって、手軽な金属の茶漉しが普及したのです。金網のものを使用する際は、上記の点に気をつけましょう。

第５章

もっと知りたい
お茶の深～いはなし

まだまだ尽きないお茶の話。日本茶の奥深い話は知れば知るほど広がっていき、私たちを飽きさせることはありません。最後の章ではさまざまなお茶の楽しみ方やスイーツとのマリアージュ、お茶づくりに魂を込める生産者の姿もお伝えいたします。お茶って本当に素敵な飲み物なのです。

お茶を
楽しみつくす
8つの方法

良質なお茶というのは自然と人とが一体となってつくりあげる芸術品です。

生産者（茶農家）のお茶の育成や製茶に対する思いは、仕上げ職人によってさらに磨きがかけられ、美しい茶葉という形になり、私たちの元へ届きます。ですから、それをいただく私たちも相応の敬意をもって楽しみたいと思っています。

では、「お茶に敬意をはらう」とはどういうことでしょうか。

私が考える答えは「そのお茶のよさを引き出して、自分の楽しみ方を見つけること」です。

どのようなことをそのお茶から感じ取るか。自然やつくり手の思いをくみとり、解釈するか。それは一枚の絵画やひとつらなりの交響曲、映画を楽しむこととよく似ています。

作品の楽しみ方は、千差万別、人それぞれです。自分が、「これ！」と思える一杯のお茶を探してみましょう。

そこで私が日ごろから心がけていることを少しご紹介します。

1 茶葉と語る

きちんとつくり込まれた茶葉は見た目にも美しいものです。宝石のように輝いているものもあります。その形状と艶、テリをまずはしっかりと目で楽しみましょう。次に香りを吸い込みます。それから茶葉をそのまま食べてみることもおすすめします。そこで感じる味わいはすべてお茶の中にあるものです。「こんなふうに淹れてほしい」なんて声が聞こえてくるかもしれません。

2 お茶を淹れる

食べたお茶の味を参考に、その茶葉

からどんな持ち味を引き出すのか構想を練ります。その思い描いたお茶を目指して水の温度や茶葉の量などを変えながら思いのまま何度も淹れてみましょう。お茶と接する時間が増えれば、いろいろな淹れ方が自然と思い浮かんでくるようになります。「どう淹れるのがいちばんおいしいか」その試行錯誤もお茶を楽しむ時間のひとつです。

3 淹れる時間、「間」を楽しむ

茶葉を水に浸して、水に茶が溶け出すしばしの時間。この時間は、お茶を淹れている中でもっとも重要で、そしてもっとも味わい深い「間」です。

この静寂のひとときは一見「何もしていない」ようで、実はお茶のおいしさを生み出すための尊い瞬間です。

耳をすますと、今まで聞こえなかった音が聞こえるかもしれません。

4 急須を通して向きあう

急須の蓋をあけて茶葉を見ていると、さまざまな変化が見えてきます。急須の形状や材質によって茶葉の開き方や、香りの立ち方が異なるのです。

また、急須の持ち方、お茶の注ぎ方、それだけでも流水の動きが変化して味わいが変わります。

姿勢を正して、手が自由に動くように気をつけながら、急須とともに茶葉と向きあいましょう。

5 音を聞く

お茶を淹れているとき、自分の息づかいや動きから発する音に耳を傾けてください。

お湯を注ぐ音、急須から茶海に淹れるときに響くお茶の音、急須が机と触れるときにたつ音。

どれもあらためて聞いてみるとお茶を淹れる時間でしか聞くことのできない音なのです。

からだの力が抜けて、上手にお茶が淹れられているときは、発する音も澄んだ心地よい音色になって響きあいます。

6 器によるちがいを楽しむ

お茶を飲む器に変化をつけてみます。同じお茶であっても器によって味わいが大きくちがってきます。そのお茶にはどんな材質や形がふさわしいのかを探ってみましょう。器の用途にとらわれず、ワイングラスや紅茶のティーカップ、酒器なども使ってみましょう。

自分の感性にピンとくるような器があれば積極的に使ってみることをおすすめします。

7 飲むときの姿勢

「お茶を飲むときは、姿勢を正して飲みましょう」というと、まるでマナーの話のように思われるかもしれませんが、お茶をおいしく楽しむためには、実はとても大切なことなのです。

姿勢が悪いと鼻に空気が抜けにくく、香りを十分に楽しむことができません。また姿勢によって舌の感度も変わるので、感じるお茶の味わいも変化します。

8 香りの変化を楽しむ

お茶を淹れたあとに香りを確かめます。飲む前の香り、口に含んだときに広がる香り、飲み終わったあとの香りの余韻、空になった器の残り香を楽しみましょう。そして淹れ終わったあとの茶葉の香りも、そのお茶を知るための大きなヒントになります。

「お茶」は本当に日常的にありふれた飲み物です。

しかし、そんな当たり前で身近なものでも味わいつくせば奥深く、素晴らしい発見ができます。

童話「青い鳥」は、「幸せを呼ぶ青い鳥は、実は身近なところにいた」というストーリーでしたが、それと同じように誰でも楽しめる幸せの飲み物はあなたのすぐそばにある。

私はそう信じています。

そして、みなさんにも同じように感じていただけるようにお手伝いするのが、この本の大きな役目だと思っています。

日本茶とお菓子のいい関係

日本茶とお菓子の、いろいろな組みあわせを考えるのは面白いものです。

最近は健康志向の高まりにともなって、甘さを控えたり、素材のおいしさを存分に生かしたお菓子がたくさんつくられるようになりました。

日本茶、特に緑茶のよいところは、お菓子の素材の味を殺してしまわない点にあります。例えば、フレッシュフルーツをたっぷり使ったケーキやゼリーなども、味わいが繊細な緑茶は相手の風味をきちんと引き立ててくれるのです。意外に思われるかもしれませんが、華やかな香りのある緑茶は生クリームやスポンジなどとあわせても香りが広がります。

もちろん、和菓子とも相性はよいです。

しかし、ここで覚えておきたいのが「伝統的な和菓子は、甘みを重視してつくられている」ということです。お菓子だけでしっかりとした味わいがあるとき、煎茶をあわせるのは意外と難しいのです。

素材本来の味が生きた、やさしい風味の和菓子なら煎茶との相性もよいのでおすすめです。

「湯呑みとケーキ」という組みあわせはなんとなくしっくりこない、という方も多いでしょう。そんなときは、思いきってお気に入りのティーカップやコーヒーカップで日本茶を楽しみませんか？　日本茶は淹れ方も自由ならば、使う器も自由でよいのです。

お茶のマリアージュ

ここでは、一歩進んでお茶の香りをスイーツにあわせてみましょう。例えば、柑橘の香りに「近藤早生(こんどうわせ)」という品種の爽やかな香りを。

するとどうでしょう、スイーツを食べてお茶を口に含むと香りがパッと変わる、香りが爆発するような印象があります。このあわせることによる香りの変化を私はお茶のマリアージュと呼んでいます。

一般的には日本茶は和菓子とあわせますが、洋菓子ともよくあいます。その際には香りに注目するととてもあわせやすくなります。

ケーキやチョコレートなどとの組みあわせも煎茶の繊細な香りをより広げてくれます。洋菓子と煎茶があわないと思われているのは、主に流通しているやぶきたの香りがあわないことが多いからでしょうか。この際にも香りに注目してシングルオリジンのお茶のほうがあわせやすいでしょう。

＊ ケーキのスポンジの香り
→香ばしい火香のあるお茶
＊ イチゴの香り
→華やかな香りのあるお茶
＊ 柑橘の香り
→すっきりとした香りのあるお茶
＊ チョコレートのナッティな香り
→どっしりとした香りがするお茶
＊ スイーツの甘み
→旨みののったお茶

これらはあくまでも一例になります。

また逆にお茶の香りや味わいからどんなスイーツがあうか考えるのも楽しいでしょう。自分の好みの組みあわせを探せばお茶の世界はさらに広がります。

実際にご家庭でお茶と何かをあわせるときにはすでに開封した茶葉を使ってお茶を淹れる、茶葉は1種類しかない、といったこともあるかと思います。そのような場合は普段から自分がおいしいと思って飲んでいるお茶で十分です。

そんなときは、お茶菓子にあわせて濃さを意識して味見をしてみましょう。

甘いものには少し濃いめ、繊細な味わいな干菓子などには薄め。味見をして濃いときには少しお湯を足して、薄い場合にはもう一度急須にお茶を戻して浸出しましょう。

急須から直接湯呑に注ぐのではなく、セカンドポット、茶海がとても大切な道具になります。お茶は日々の天候やその茶葉の状態によって日々浸出される味わいが変化します。

味見をして、ちょっと調整をしてあげるだけで、お茶はぐっとおいしくなります。

洋なしとラム酒の香りのクレープにあわせて。

もっと知りたい、
お茶の
深〜いはなし

極上の茶葉に会いにいく

〜銘茶「秋津島」を育てる大自然と生産者の心技〜

「秋津島」とは本州の異称で、この名を冠したお茶があります。
凛とした佇まい、厳しさの中にあるやさしさ。
ああ、これこそが「日本茶」なのだと改めて感じさせてくれるお茶です。
人里離れた奥山、森の中のせせらぎ、谷を渡るそよ風。
そして澄んだ大気に美しい茶園。
ひと口含むと、瞬く間にそんな風景が思い浮かぶ「秋津島」は、
初夏の陽射しがさしこむ5月末、
私が必ず訪れる茶工場でつくられます。

天空の茶畑

静岡市安倍川上流域、銘茶産地本山の奥の院とも呼べる山間地にある茶工場。

「おはようございます！　今年もよろしくお願いします！」

「おお、来たかー」

「今年のお茶も、えれえいいから」

毎年、そんなふうに笑顔で迎えてくれるのが組合長の築地勝美さんと工場長の海野豊さん。

「お世話になります。さっそくですが、山のほうへ登らせてもらっていいですか?」

「ほーか、ほーか。たのむよー」

「気をつけてな」

２人はやさしく送り出してくれます。

この茶工場は深い山間にありますが、ここからさらに車で山へ。未舗装の林道を走り、車を降りたあとは山道を自分の足で登っていきます。息が切れかかるころ、薄暗い杉林が突然開け、目の前には神々しいまでの素晴らしい風景が広がります。

秋津島の茶園の標高は約８００メートルで、東京の高尾山よりも２００メートルほど高い土地。見慣れた背の低い茶畑ではなく、良茶生産の理想形とされる、一本一本の木を力強く育てる自然仕立て栽培の園地です。来た道を見下ろせば眼の前には健やかに育った茶樹群、その先に広がる山々、そして彼方には安倍川。

園主の築地さんがつくった秋津島を眺めていると、宝石を見ているような気分になります。その理由はこの美しい畑にあったのです。1年間、

熟練した技術を持つ築地勝美さん（中央）と海野豊さん（右）

丹精こめて育てた新芽をお茶摘みさんたちがひと芽、ひと芽丁寧に手で摘み採っていきます。ぷつ、ぷつとやわらかな中にも芯のある茶摘みの音が静かに響きます。

たしかな製茶技術

　手で摘み採られた最高品質の新芽をお茶にする。この工場の製茶技術の素晴らしさは比類がありません。新茶シーズンといえば生産者にとって、1年間の収入を決めてしまうもっとも重要で忙しい時期です。本来ならそんなときにお邪魔すること自体ご迷惑なのですが、快く受け入れてくださるみなさんの懐の深さにいつも感謝しています。

　ここでいちばん驚かされるのはその作業風景です。製茶作業というと、工場の中でいつも機械に張り付いて茶葉をつくっているイメージが私にはありました。しかし、ここでは人はほとんど機械の前に立ちませんし、茶葉もあまり触りません。

　事務所の中でその年のお茶の話をしていることのほうが多いくらいです。事務所に聞こえてくる機械の微妙な音の変化で進行状況を把握して、工程を進めていきます。茶葉の様子が、離れていてもわかるのです。

　築地さんはいいます。

「確認のためといってお茶を機械から取り出してしまうと、そのひと握り分、お茶がほかのと揃って乾かなくなってしまうだろう。だから触る必要がないのならできるだけ触らずにおくほうがいい。お茶をつくるときの雰囲気を壊してはだめなんだ」

　いちばん大切なことは何か、長年の経験に裏打ちされた確かな技術と自信にもとづいたひと言でした。

　そして作業中の築地さんを見ていつも心奪われるのが、数少ないお茶を触るときの所作です。お茶を針のように伸ばしながら乾燥させる最後の工程で、機械の中からお茶を手に確認し、また機械に戻す。ただそれだけの何気ない動作が美しいのです。滞ることのない、流れるような手の動きはまるで一流の音楽家が楽器を奏でているかのようです。

　最高の状態で摘み採った茶葉には、よけいな人の手をかけない。それが築地さんの信条でもあります。

「特別なことは何もしていないよ。いいお茶をつくるための当たり前のことをただ、当たり前にしているだけだよ」

＊　＊　＊

　お茶を淹れていると、そのお茶が育った風景、自然、お茶に関わる人々の表情、想いが心に浮かびます。

「お客さまに飲んでいただく」という最後の行程を担う私は、一杯のお茶の中でそれらをどこまで表現できるだろうかと、自問を繰り返しながら全力を注ぐ毎日です。

　いま、あなたの前にある一杯のお茶。お茶づくりに関わる幾人もの人々の思いが結実したお茶はきっとおいしいことでしょう。そしてあなたが「おいしかった」と飲み干してくださったときにはじめて、お茶は本当の完成を迎えるのです。

まだまだ知りたい

日本茶ソムリエ・和多田喜がお答えします

お茶にまつわる一問一答

お茶に興味を持てば持つほど、ギモンもどんどん出てくるというもの。
普段から感じているお茶の「なぜ?」を解き明かしていきましょう。

Q1

いい茶葉を購入する際に、目安となる値段はいくらぐらいでしょうか?

以前はよくお客さまから「私は100グラム3000円のお茶を買って飲んでいるのにおいしく淹れられない」なんていうお話をうかがいました。「私は、100グラム○○円のお茶を飲んでいる」といったいい方をすることもあるので、気になりますよね。

お茶を選ぶいちばん大切な目安はあなたの「好み」です。例えばコーヒーで「私は普段、○○○円のものを飲んでいる」といったいい方はあまりしませんよね。コーヒーに詳しくない私でも、産地で選んだり、どこのブランドかで選ぶものです。

それは、それぞれコーヒーの味が異なるので、その中から自分の「好み」のものを手に入れたいからです。ですから茶葉も値段で決めるのではなく「こんなお茶を飲みたい!」という嗜好にあうかどうかを目安にしてください。

そのためにまずは、お店の店員さんにお茶の話を聞いてみましょう。専門店では知識をもった店員さんがお客さまを待っています。その人たちの手をかりて、お茶を探してみましょう。

茶葉は製法や品種、産地によって異なるほか、単一品種・単一茶園で仕上げられたものから、有名茶師がブレンドしたものまで実に多種多様です。その中に必ずあなた好みの茶葉があるはずです。

Q2

「いいお茶屋さん」を見つけるコツを教えてください。

いいお茶屋さんとは、あなたが欲しい茶葉を、欲しいように売ってくれるお茶屋さんです。そのためには、あなたがどんなお茶が欲しいのかをはっきりさせておく必要があります。しかし、最初からはっきりした自分の「好み」を持っている人のほうが稀でしょう。

そこで、初心者の方なら自分の好みを知る手がかりをつかむためにも、販売している茶葉についてひとつずつよくわかるように説明してくれるお茶屋さんがいいですね。お茶を説明するためには実際に飲んでいなければわかりません。その説明を聞いて実際に買って飲んでみて「こんなところがおいしかった（またはおいしくなかった）」と再びお茶屋さんへ感想をいいにいく。その過程で自分の「好み」もわかってくるでしょうし、お客さまとそんなキャッチボールができるお店なら、まちがいなくいいお茶屋さんでしょう。

Q3 出がらしの茶葉を有効活用する方法があれば教えてください。

一度、電子レンジなどで乾かせば、冷蔵庫などの消臭剤として使うことができます。また、それを市販のガーゼなどに包めば、入浴剤としても使えます。ただし、茶渋がつきやすいので、使ったあとはお湯を早く捨ててください。

昔ながらのタタミのある家なら、タタミ掃除に茶殻を蒔いてホウキで掃くということをしていましたが、現代の住宅事情にはあまりあわないでしょう。また、良質な茶葉であれば、佃煮にして食べることも可能です。酒、醤油、みりんを1対1対1で2時間ほど煮るとおいしいごはんのお供になります。

Q4 「普通煎茶」というのは、グレードやおいしさが〝普通〟ということですか？

近年深蒸し茶とよばれる粉状の煎茶が売られるようになりました。伝統的な煎茶とは製法も異なり、同じ煎茶でも、風味や楽しみ方もちがいます。そこで深蒸し茶と分けるために、便宜上「普通煎茶」と呼ぶようになりました。製法が伝統的なつくり方という意味で、味わいやグレードを指した名称ではありません。「伝統煎茶」といったほうが、正しいのかもしれません。

また、深蒸し茶との区別をつけるために「浅蒸し煎茶」と表現されるお茶屋さんもいるようです。深蒸し茶と普通煎茶の中間で「中蒸し煎茶」というものも出はじめました。

明確な区分がある名称ではなく、それぞれのお店の商品名にあたるので、購入する際にはお店に確認してみましょう。

Q5

ペットボトルのお茶と、自分で淹れて飲むお茶はどこがちがうのでしょうか？

昨今、ペットボトルのお茶も多種多様になりました。1万円を超える高級なものから、急須で淹れたことを売りにする商品まで、さまざまなお茶が売られています。

製法を見てみると一般的なペットボトルのお茶も、茶葉をお湯で浸出させており、基本的には急須のお茶と変わりません。

では何がちがうのかというと、その楽しみ方でしょう。

ペットボトルは気軽にいつでもどこでも簡単に飲むことができるお茶、急須はひと手間をかけて自分好みの味わいを出すことができるお茶です。

料理にたとえると急須が自分で材料を用意してつくる料理で、ペットボトルのお茶はお弁当を買ってくるようなものでしょうか。

誰でもどこでも気軽に楽しめる代わりにペットボトルのお茶は好みの味に調整することはできません。ただし、のどが渇いているときなどにすぐに手に入れてどこでも飲むことができます。

急須は自分好みのお茶をつくることができますが、時間や道具が必要です。どちらのお茶が優れているということはなく、その目的にあわせて使い分けましょう。

また、お茶は嗜好品です。人それぞれの好む味や香りは異なりますし、朝昼晩、あるいは気分や状況によって飲みたいお茶は変わることでしょう。その変化にあわせてお茶を淹れ分けるところに、お茶の楽しさがあるのではないでしょうか。

Q6

はかり売りの茶葉を購入する際、何日ぐらいで飲みきれる量を買うのがいいのですか？

10日～2週間程度で飲みきれる量を目安にしましょう。大まかな目安ですが1回に5グラムを使い1日に2回お茶を淹れる場合、5グラム×2回＝10グラムですから、10日で約100グラムとなります。購入時に真空パックや窒素充填包装をしてくれるお店でしたら100グラム単位にしてくれるようにお願いしてみましょう。

また、良質なお茶は茶葉を多く使うとより深い味わいを楽しむこともできます。おすすめは、沢山の茶葉を使った水出し茶です。10グラムくらいの茶葉を200ccの冷水で冷蔵庫で6時間水出しすると格別な味わいが楽しめます。

ついもったいないと思ってしまいがちですが、おいしいお茶を楽しむためにも、しっかり茶葉を使ってみてください。

Q7

冷たいほうじ茶を上手につくるコツを教えてください。

まず、良質なほうじ茶を手にいれることが大切です。お求めやすい価格のものが多いほうじ茶ですが、安価なものは硬化した茎が焦げてしまっていることがあり、冷茶にすると雑味を強く感じてしまうことがあります。ほうじ茶で冷茶をと思ったときは、ちょっと贅沢な価格のものをお使いになることをおすすめします。

つくり方は簡単です。冷水ポットを使用するのが手軽です。ポットに茶葉を大さじで大盛り3杯約15グラム入れたら、常温の水を1リットル注ぎます。水を注ぐ際に茶葉に水が均一にかかるように心がけてみてください。水を注いだら冷蔵庫へ入れます。6時間ほどすれば冷たいほうじ茶のできあがりです。

Q8

茶葉の保存方法について教えてください。

お茶は高温多湿を避けて、遮光した香り移りがしないような冷暗所で保存しましょう。開封前は冷蔵庫に入れておけば、おいしさを長持ちさせることができおすすめです。温度変化による結露を防ぐために、タッパーなどの密閉容器に入れておくとよいでしょう。

開封後は、袋を硬く閉じて常温で保管します。その際、匂いの強いものを近くに置かないように注意してください。おおよそ1か月以内に飲みきるようにしましょう。ただし、室温が30℃を超える季節は開封後も冷蔵庫で保管することをおすすめします。

茶缶もよいですが、茶葉の入った茶袋の封をしてさらに缶に入れる使い方がおすすめです。直接缶に入れるのは温度変化に弱く、あまりおすすめしません。

異臭がしたり、茶葉が赤黒くなっているなどの異常を感じた場合は飲むのをやめましょう。

Q9

お茶は何煎まで飲めますか？

茶葉の質と淹れ方によりますが、一般的には3煎ほど飲めます。ただ〝おいしく飲む〟というのでしたら、ひとつ目安があります。お茶を淹れたあと、急須の蓋をとったときに、よい香りが残っているかどうかで判断します。香りがなくなると途端に味が落ちてきます。あとはお好みでどうぞ。

コラム

お茶は自由で楽しいもの

36ページでお話ししたお茶を淹れる3つの構造、「イメージ」「レシピ」「動き」。この「動き」の部分を少しでもご紹介したいと思い、最後にお店でお茶を淹れるときにしていること、意識しているものをできるだけ詳細に記してみます。お茶を淹れる際の参考になればいいなと思います。

・水、お湯、氷の確認

その日の最初に水とお湯を用意し、お水を一口飲みます。水に違和感がないか、自分の味覚や嗅覚に異常がないかを確認するためです。お湯はケトルをゆすいで沸かし、水と同様に確認します。

次に氷を用意して、かるく水で洗います。そのあと水をためて冷水をつくります。水が冷えるのには思っているよりも時間がかかるため、お湯が沸くのを待つ時間に水を冷やすと効率的です。

・茶葉の確認

淹れるお茶を考えて茶葉を決めます。量りに拝見盆をのせて茶葉を計量します。袋の中でも上下で茶葉の形状が異なりますので、できるだけ均一にします。どうしても多少の差は出てくるので茶葉のようすを目視で確認します。必要があれば茶葉の再仕上(80ページ参照)をし、自分の求めているお茶に適した茶葉を必要な量だけ用意します。

・急須などの道具の確認

私は主に常滑の急須を使っていますが、選ぶときの最大の要素は急須の形状と素材です。淹れたいお茶にあわせて急須を選びます。道具がすべて手元にあることを確認します。道具はすべてかるく洗っておきます。ここでようやく茶葉と向かいあう準備がすべて整いました。

・お茶を淹れる

しばしばここで深呼吸をします。軽く伸びをしたり、手首のストレッチをすることもあります。ここまでは引き返すことができる工程ですが、お茶の葉を水に触れさせてからは戻ることができません。特にはじめの水を茶葉に落とすときには緊張感があります。茶葉に水を注ぐ際には湯冷ましを使います。毎回同じ湯冷ましを使うことで安定して水を扱うことができます。どのようにお湯を茶葉に触れさせるかによっても茶葉の動きや開き方は変化します。茶葉の開きぐあいはその日の気候によっても変化しますので、茶葉を見ながらどのようなお茶になるかを想像します。

湿度が高い日には浸出が早くなり、渋みが出やすくなります。冬はお湯が冷めやすく、急須も冷たくなり、夏には冷水もすぐに常温になってしまいます。お湯と浸出時間を同じようにしても季節によって味わいは変化します。

茶葉がよい頃合いになると、急須を傾けてお茶を茶海に淹れます。もちろん急須を扱う動作はもっとも重要です。お茶を淹れるときの一番の醍醐味かもしれません。急須をゆっくりと持ち上げるか、勢いよく持ち上げるか。それだけでもお茶の味は変化します。求めるお茶に応じて急須の扱いは変えますが、基本的には丁寧に、ゆすらないように扱います。常に急須の中の茶葉やお湯の動きを意識しています。

スムーズに手首が動くように、指に力を加えずに動かせるように。急須の口の角度にあわせて、流水をコントロールしながら淹れていく。自分の感覚が研ぎ澄まされた日には、目で見ていなくても茶海にお茶が収まっていくような感覚があります。ここでの動きは、茶葉やお茶の香り、水の色を見ながら臨機応変に決めていきます。

できたお茶を味見します。

その味わいをかみしめるように口に含みます。香りが立っているか、味わいはうるさくないか。もしこの時に味わいが思い通りでなければ改めてお茶を調整します。

こうしてお客さまへの一杯のお茶が完成します。

たくさんの手順をお伝えしましたが、一番大切なのは始まりのお茶のイメージです。誰かと楽しい時間を過ごそうという想いであったり、お茶の魅力を伝えたいという願いであったり。そういった思いを動きにのせて、淹れてる私たち自身も楽しむこと。

それがお茶を淹れることの奥深さです。

自分だけのいろいろな淹れ方を楽しんでみましょう

my お茶レシピメモ

お茶の淹れ方のバリエーションは無限大。
オリジナルの味をどんどん見つけてみましょう！

記入例

使用した茶葉の種類／銘柄　煎茶「ふたみゆたか」

値段　1050 円／　50 g

茶葉の量　3 g　お湯の量　50 cc

お湯の温度　30 ℃　浸出時間　3分

［淹れた感想・注意点］

お湯がぬるくて少しものたりない味。
次はもっと冷たい水で時間をかけてじっくり
出してみたい。 茶葉は美味。

使用した茶葉の種類／銘柄

値段　円／　g

茶葉の量　g　お湯の量　cc

お湯の温度　℃　浸出時間

［淹れた感想・注意点］

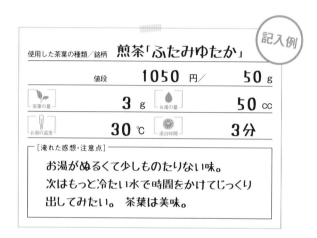

使用した茶葉の種類／銘柄

値段　円／　g

茶葉の量　g　お湯の量　cc

お湯の温度　℃　浸出時間

［淹れた感想・注意点］

使用した茶葉の種類／銘柄

値段　円／　g

茶葉の量　g　お湯の量　cc

お湯の温度　℃　浸出時間

［淹れた感想・注意点］

おわりに

改訂版にあわせてお店のスタッフとお茶を淹れることについて改めてさまざまな話をしました。

そのなかで、特に淹れ方の紹介に関しては大きな変更を加えました。

目指すお茶を思い描いて、それに向けていろいろなものを用意していくという工程がお茶を淹れるということ。そう話しながら、でもさらにその先があるよね、などという話になりました。

「お茶を淹れることは、一杯のお茶に畑を再現すること」

「茶茶の間」で扱うお茶は基本的に単一品種・単一農園のお茶で、どの茶葉もそれぞれの茶畑の香りや育った環境による味わいを内に秘めています。その味わいを上手に取り出して淹れて、飲んでもらうこと。

これが本を出した10年前に考えていたことでした。

当時は日本茶カフェも少なく、プロとしてお茶を淹れることがどういうことかも模索しながらの日々で出た、ひとつの答えでした。


今も同じ思いを抱いていますが、少し変化しています。

そのお茶のテロワール（土地のこと。茶畑の土壌や気候などの生育環境すべて）やつくり手の思いを理解して飲むだけではなく、お茶を淹れる喜びや楽しさ、そういったものを伝えられたらいいなという思いも加わってきたのです。

お店を始めた頃は「淹れるお茶は、おいしくなければならない」と考えていました。

しかしあるとき、セミナーの生徒さんの、お茶を淹れているときの嬉しそうな顔をみて、ふと考えが変わりました。

お茶を淹れる行為そのものの楽しさを伝えるべきなのではないか、と。

お茶を淹れていくなかでそれぞれのお茶と向き合って、理解してそのお茶がどのようなお茶かを知ってそれを楽しむこと。それはおいしく淹れなければならない、と縛られるお茶よりもずっと楽しいものではないのか、ということでした。

気分にあわせたり、季節の気候にあわせたり、スイーツにあわせたり、まだ目の前にないお茶を思い描き、道筋を立て、具現化させる。

とても自由で創造的で即興的で芸術的な行為が、お茶を淹れることです。

それは絵を描く人が真っ白なキャンパスを前にして、心に浮かぶままに自由に絵を描くことと似ているのかもしれません。

この喜びは、お茶を淹れなければ絶対に得られない喜びです。
お茶は、茶葉とお湯と急須と器があれば淹れられます。
今日から誰でも楽しむことができる、ひとつの創作活動です。

ここまでいうと、ちょっと敷居が高いかも……、なんて思う方もいるかもしれません。そんな方はぜひ私のお店に来てください。私やスタッフと楽しいお茶の話をしましょう。またサロンやお茶会も定期的に開催し、お茶の奥深さを体験していただくイベントなども行なっております。

一杯のお茶で人生が変わる。なんてことがひょっとしたらあなたにも起こるかもしれませんよ。

2020年

和多田 喜

著者プロフィール

和多田 喜 Yoshi Watada

2005年「日本茶インストラクター」の資格を取得。

お茶をおいしく飲むことにこだわった日本茶カフェ「表参道 茶茶の間」をオープンし、自ら店頭に立ちお茶を淹れながら日本茶ソムリエとして運営にあたる。茶葉を仕入れるために畑まで赴き、茶農家さん、仕上げ業者さんのご協力をいただいて店で取り扱う茶葉をとり揃える。店では毎月セミナーを開催し、日本茶に興味がある人に向けていろいろな淹れ方やお茶を紹介している。また店頭で行うサロンではお茶とスイーツの風味をあわせることで新たな味わいを楽しむ口中調味を提案するなど、日本茶の新しい可能性に挑戦している。

日本茶の魅力を伝えるために、メディア出演、各種イベントでの実演販売、執筆活動、店外での各種セミナーなどで講師としても活動中。

SHOP DATA

茶茶の間 chachanoma

住所◎東京都渋谷区神宮前5-13-14　表参道SKビル1F
TEL&FAX◎03-5468-8846　営業時間◎12:00〜19:00
定休日◎月曜日、火曜日（祝日の際は営業、不定休あり）
ホームページ◎http://chachanoma.com

店内では良質な茶葉のほか、常滑焼の茶器なども販売。

自然派の厳選食材を用いたフードやスイーツも絶品。

STAFF

編集／平田治久、細田操子、所誠
編集協力／北川拓
撮影／内海裕之
カバーデザイン／ヤマシタツトム
本文デザイン＆ DTP ／ NOVO
写真協力／石部健太朗（茶園写真家）、山口奈々子

※本書は2009年8月に小社より刊行された『日本茶ソムリエ・和多田喜の今日からお茶をおいしく楽しむ本』を改訂したものです。

新装改訂版
日本茶ソムリエ・和多田 喜の
今日からお茶をおいしく楽しむ本

著　者｜和多田《わただ》 喜《よし》
発行所｜株式会社　二見書房
東京都千代田区神田三崎町2-18-11
電話［営業］03-3515-2311
［編集］03-3515-2314
振替00170-4-2639
印　刷｜株式会社　堀内印刷所
製　本｜株式会社　村上製本所

落丁・乱丁本はお取り替えいたします。

定価はカバーに表示してあります。

ISBN978-4-576-20065-1
https://www.futami.co.jp/